芷兰斋

书店寻访三部曲

書店尋蹤

国营古旧书店之旅

韦 力 著

中华书局

图书在版编目(CIP)数据

　　书店寻踪:国营古旧书店之旅/韦力著. —北京:中华书局,
2018.9
　　ISBN 978-7-101-13429-2

　　Ⅰ.书…　Ⅱ.韦…　Ⅲ.古旧图书-国有商业-书店-介绍-中
国　Ⅳ.G239.23

　　中国版本图书馆 CIP 数据核字(2018)第 211448 号

书　　名　书店寻踪:国营古旧书店之旅
著　　者　韦　力
责任编辑　孟庆媛
出版发行　中华书局
　　　　　(北京市丰台区太平桥西里 38 号　100073)
　　　　　http://www.zhbc.com.cn
　　　　　E-mail:zhbc@zhbc.com.cn
印　　刷　北京市白帆印务有限公司
版　　次　2018 年 9 月北京第 1 版
　　　　　2018 年 9 月北京第 1 次印刷
规　　格　开本/920×1250 毫米　1/32
　　　　　印张 10¾　字数 229 千字
印　　数　1-15000 册
国际书号　ISBN 978-7-101-13429-2
定　　价　68.00 元

目 录

序　言

　　从已知的资料来看，古旧书店在古今中外基本上都属于私营，唯独中国有国营的。北京的中国书店在其成立 60 周年时，曾出版了一部线装本的纪念册，题目为《壬辰甲子——中国书店六十年纪念文集》。该书中称："一九五二年十一月，中国书店作为我国第一家国有古旧书店成立，开启了我国当代古旧书业发展新的一页。"如何开启了新篇章呢？该文集中明确地给出了这样的定义："一九五二年十一月四日，中国书店在演乐胡同正式开业，开业仪式上，北京市副市长吴晗代表北京市人民委员会作了讲话，北京大学图书馆馆长向达等著名的学者参加了中国书店成立仪式。以国营的体制开办古旧书店，不仅在中国历史上绝无仅有，在国际图书业发展史上也创了一个先例。"

　　由此可见，世界图书流通史上，以国营的形式来从事此业务者，中国乃其首创。而中国书店则为这种首创的第一家，这样的古旧书店性质，确实值得记入史册。而国有古旧书店的来由，则是由私人书店汇集而成者。对于私人书店的起源，该文集中有如下追溯："'书肆'，我们今天称之为书店，古代又称为'书坊'、'书林'、'书铺'、'书堂'、'书棚'、'经籍铺'等。中国的书肆，最早起源于西汉时期。西汉文学家扬雄在《扬子法言·吾子》中曾说：'好书而不要诸仲尼，书肆也。'这是我们今天能看到的古籍文献中最早提到'书肆'的记载。"

自此之后，中国的古旧书业有繁荣也有衰落，然其有如百足之虫死而不僵，直到民国年间战乱之时依然繁盛。1949 年 10 月中华人民共和国成立，而后相关部门对新书业先作了清理，随着情势的转变，私营古旧书业务急剧下滑，而很多有史料价值的文献被当作废品处理给了造纸厂。面对此况，相关部门作出了反应，《文集》中称："在这样的一个形势下，时任北京市副市长的吴晗先生与政务院秘书长齐燕铭、文化部副部长郑振铎以及北京市常务副市长张友渔等人共同倡导，成立国营古旧书店，专门经营古旧书业务，在古籍收集、保护以及整理、流通上发挥国营主渠道的作用。吴晗指示北京市工商局具体负责此事。一九五二年八月，北京市工商局提交报告，吴晗在收到报告后当天就作出了相应的批示。九月三日，吴晗亲自主持北京市文委联合办公会议，专题研究国营古旧书店的设立问题。根据齐燕铭、郑振铎等人的建议，新成立的国营古旧书店命名为'中国书店'。"

对于中国书店成立时的状况，该店的老经理周岩先生在《北京古旧书业的历史变迁》一文中写道："为了统一领导和团结、教育、利用、改造北京的私营古旧书业，努力做好古籍抢救、保护工作，经齐燕铭、郑振铎、张友渔、吴晗等同志倡议，1952 年 11 月 4 日正式成立了地方国营中国书店，由市商业局和市文物组领导，1954年后划归市文化局通过新华书店北京分店进行领导。"

中国书店的成立，对历史典籍的保护起到了重大的作用。因为有国家的支持，该店成立的前几年就成为了中国古旧书业的龙头企业："1953和1954年私营古旧书业每年销货平均一百二十万元左右，国营中国书店销货则占其三分之一，约四十万元。1955年私营古旧书业共销货六十六万元，国营中国书店销货六十四万元。"

那个时段，私营古旧书店仍然存在，这种公私并存的状况，随着公私合营而结束。1956年，北京市文化局下达了《北京市改造古旧书业暂行方案》，该方案中提出了如下改造方式："保留原字号，独立经营，资产暂不定股定息，自负盈亏。个体户仍按惯例分配盈余。真正自愿私私联营者，可同意其联营。对资金不足的困难户，酌量给其贷款，帮助其自营。经营困难而又不愿继续经营者，其中有一定古旧书业收售业务技能的人，将其资产定股定息，或转投其他合营户后，由中国书店个别吸收；其中无专长者，协助其转入合营新书业或其他行业；对已改行或失散了的有收售业务技能的人，根据需要与可能，协助其重回古旧书业。"

很快，相关部门又出台了一系列的方针政策，周岩在《北京市中国书店建店五十年记》中写道："1956年1月—1966年5月社会主义改造和建设初期，鉴于私营古旧书业是文化服务性的商业企业，因此在'三大改造'期间，国务院于1956年2月21日给各省、直辖市、自治区人民委员会发出了《对私营古旧书业改造必须慎重进行》的电示通知，文化部于6月5日至7日又召开了北京、上海、天津、成都、重庆、江苏、浙江、湖南等八个省市对古旧书业改造的座谈会。文化部在同年7月7日发出了《关于加强对古书业领导、管理和改造的通知》，《人民日报》于1956年9月7日发表了《安排和改造古书业》的社论。从古书业的性质、任务和经营特点出发，提出了区别一般资本主义工商业社会主义改造的要求和做法。"

北京旧书业的公私合营方式，则是将私营书店并入国有的中国书店中。周岩在《北京市中国书店建店五十年记》中写道："北京解放时根本没有一家官办的古旧书店，私营古旧书店也从最多时多达三百多家减少到一百五十多家，从业人员二百零九人，大部分古旧书刊论斤称售。资产五十八亿余元（旧币），营业用房不足四千平米，存有古旧书刊三十六万五千部，一百六十八万余册，价值四十四亿多元（旧币）。这就是旧中国北京古旧书业留给我们的全部家当。"

对于这样改造的结果，徐雁在其专著《中国旧书业百年》中写道："1956 年，中国书店又参与了组织对北京私营古旧书业的'社会主义改造'。先后经历了初步改造、政策调整以及促进发展、全面彻底改造三个阶段。到 1958 年，北京古旧书业的结构发生了根本性的变化，国营、私营并存的过渡性格局消失了，形成了中国书店下辖门店的基本组织形式，这一当代中国古旧书业的地方国营经营体制从那时起一直延续至今。"

中国古旧书业性质的转变，并非北京一地，作为南方古旧书业的龙头——上海书店也在进行着这样的公私合营过程。徐雁在其专著中称："在私营古旧书业向地方国营古旧书业转制的过程中，北京市中国书店和上海书店成为我国 20 世纪中叶以来南、北业界的两个重镇，它们在古旧书搜集回收、整理修补、复制出版和发行流通领域，挟 50 年代后期和 60 年代前期古旧书行业国有化的政策性优势，与日俱增，做出过独特的贡献。"关于上海公私合营的状况，徐雁在专著中给出了这样的数据："据《上海市古旧书业改造小结（初稿）》的统计，1955年的时候，上海市有古书店12家、从业人员41人，旧书店45家、从业人员83人，私营或个体经营的旧书摊248户。在随后进行的'社会主义改造'过程中，这些古、旧书店被悉数撤销合并。"

全国的旧书业在那个时段也如北京和上海的状况，将私人旧书店全部合并到当地成立的国营古旧书店之中。从那个时段开始，直到改革开放前，中国大陆已不存在私人旧书店，所有需要购买古旧书者无论私人还是公家单位，都只能到各地的国有古籍书店或古旧书店去选购。

对于各地古旧书店的数量，周岩在《振兴古旧书业之我见》一文中称："据不完全统计，目前全国共有古旧书店（门市部）三十九家，八十个收售门市部，从业职工一千四百余人。其中北京、上海、天津、南京、广州、扬州等地古旧书店为独立核算单位，其他地方则是新华书店的一个门市部，或属于新书门市部内附设的古旧书刊专柜。1982年销售各类新旧图书四千五百万部册，在一定程度上满足了广大读者对于古旧书刊的需要。"

周岩的这篇文章收录在他所著的《我与中国书店》一书中，而该篇文章并未写明写作的时间，故其文中所说的39家国有古籍书店的统计数字，不知是指的哪一年。但此文中的下一个段落首句则为："三十八年来，全国各地古旧书店（门市部）抢救、发掘和保护了许多珍贵的古旧图书、碑帖、拓片和革命文献资料。"如果以 1956 年公私合营来计，此后的三十八年当为 1994 年，这一年前后的一个时期内，古旧书业在中国再次兴旺起来，各地又出现了不少的私人旧书店。再加上古旧书市场的形成，以及古籍善本走入拍场，这一系列原因使得国有古旧书店的经营状况渐趋式微。

此后的一些年，各地国有的古籍书店和古旧书店，有的被兼并，有的停业，有的已倒闭，各地的国有古旧书店数量迅速减少。进入新世纪，当我开始在各地有意地记录国有古旧书店时，其数量仅得本书所写的这些家。正是因为国有古籍书店的特殊性，我认为有必要对其一一走访，并将其现况以及相应的历史记录下来。这当然是中国古旧书业流通史，或者再往大里说：这是世界古旧书流通史上十分奇特的一个篇章。

当然，有些情况也在变化之中，有些国有的古旧书店关张之后又再次开张，而本书完稿之后，我又听闻两家国有古籍书店再次开门迎客的消息。这对爱书人来说，当然是幸事，而对于传统文化而言，则更为民族之幸。因此，我期待着更多的国有古籍书店再次复业，以便我继续进行着相关书店的走访，将这些书店的经营状况写入续集之中。

韦力序于芷兰斋

2018 年 5 月 5 日

北平最大　店归原址
中国书店来薰阁店

关于来薰阁的简况，孙殿起在《琉璃厂书肆三记》中有如下简述："陈连彬，字质卿，南宫县人，于民国元年开设，多板本书。至二十年，质卿侄杭，字济川，继其业。案来薰阁字号，在咸丰间有之，为陈质卿之祖伯叔开设，收售古琴。至光绪二十余年，租与他人，至民国元年，经质卿收回，故其匾额曰琴书处者，盖不忘旧也。"

这段话从来薰阁书店的创始人陈连彬讲起，此人经营二十年后，让侄子陈济川继承了产业，然而孙殿起又说，来薰阁这个字号早在清咸丰年间就已出现，创始人乃是陈连彬之伯祖，既然如此，为什么不把来薰阁的历史追溯到那个时代呢？孙殿起解释了这个原因，他说此店原本是做古琴买卖，一度租给了他人，到了民国年间，陈连彬将其收了回来，然后转变业态，开始经营古旧书。

叶祖孚所著《北京琉璃厂》一书重复了孙殿起的表述，但是又多了一些细节："来薰阁开设于清朝咸丰年间，店主姓陈。它原是一家收售古琴的店铺，店名'来薰阁琴室'。清光绪年间，这个店铺租给他人经营。1911年，由陈连彬收回了企业，改为经营古籍，

1. 琉璃厂西街街景　2. 来熏阁外观

但为了不忘祖业，店名仍称'来薰阁琴书处'。"叶祖孚又提到陈连彬为什么要让侄子陈济川来继承书店。原来，陈济川原本就在隆福寺的其他书店内工作，更何况陈济川天生就是古旧书店业的人才，正是在他的张罗之下，原本衰落的书店开始兴旺起来。如此看来，来薰阁的名气乃是由陈济川所创造者。正因为这个缘故，雷梦水在其所撰《琉璃厂书肆四记》中直接把来薰阁店主之名写为陈济川：

> 来薰阁，陈杭，字济川，河北南宫县人。对板本学甚精，业务经验亦广，虽年过花甲，记忆犹强，凡稀见之书，某年售价若干元，归何处，随口说出，无稍差。

搞古籍版本，有超强的记忆力是先决条件，陈济川恰好有这样的天赋。但有超强的记忆力只是块璞玉，没有如切如磋，如琢如磨，则无法展现出美玉的光彩。陈济川既然不是跟陈连彬学的版本，那么他的师傅是谁呢？孙殿起、雷梦水以及叶祖孚在文中都未提及，而常来树在《陈济川与来薰阁》一文中却给出了答案："陈杭16岁时，离开家教馆托友人荐至北京隆福寺街文奎堂书店学徒，受业于王云瑞先生。王先生精通版本，广交文人学士，且与日本、朝鲜等国有业务往来，生意兴隆。陈杭刻苦好学，逐渐精识南皮张之洞所著《书目答问》，对收、售、配、管等日常业务能够担当起来。他22岁时，应叔父陈连彬字真卿之邀到来薰阁书店经营业务。"

原来，陈济川的师父乃是王云瑞，这位王云瑞不但精通版本，并且跟日本、朝鲜等国文人也有往来。这段经历对陈济川十分重要，因为他把来薰阁做大做强也恰恰是走了日本路线。周铭、韩彤所撰《来薰阁——北京著名古籍书店》一文写到："来薰阁的兴盛时期，是'生意兴隆通四海'的。国内的南北各地学者，国外的日本、缅甸、新加坡及美国文化界人士都曾来店、来函或来电购书。"关于陈济川跟日本书商的关系，胡金兆所撰《百年琉璃厂》中有一篇"琉璃厂旧书业领军者：来薰阁的陈济川"，文中写到："陈济川在 1928 到 1930 年不到 30 岁的期间，曾应日本东京帝国大学长泽规矩也等人的邀请，四次东渡日本访问，在东京、京都、大阪、神户、九州、福冈等地展销并收购中国古籍，并结识了日本一些专营中国古旧书的书店、书商，访问了不少学者、藏书家、图书馆。经过多次出国展销，来薰阁在国内外的名声大振。而在琉璃厂相对比较保守的旧书界中，他是个别而勇敢的。"

虽然文献中没有记载他跟朝鲜也有古书生意，但著名的《来薰阁书目》却是他请一位朝鲜人所编，更为重要的是陈济川到来薰阁后，把一些老客户以及业务关系也带来了，同时还改变了经营思路，将大宗的销售对象对准了当时崛起的学校机关方面："来薰阁位于琉璃厂 108 号，匾额由孙舒同、李一氓榜书。前身是'琴书处'，商匾由成多禄题署。创办于民国元年，当时仅有门面一间，店伙三人占店，主营木刻线装书籍，铅印、石印书籍，生意一般。自 1931 年，陈济川主持业务后，把文奎堂众多的读者带到店内，主营方向逐渐向专业方面发展，主要为专家学者、学校、机关服务。"（常来树撰《陈济川与来薰阁》）

关于来薰阁的货源，叶祖孚在《北京琉璃厂》一书中写到："陈杭及其店伙经常到上海、江苏、浙江、山东、山西、天津等地收购旧书，买到了各种宋椠元刻、明版清刊和善本珍籍。他曾买到明末富春堂刻印的唱本、清末北方著名藏书家杨绍和收藏的《蔡中郎集》《中吴纪闻》等书籍，其中有名家黄丕烈的批校和题跋。在北京沦陷期间，来薰阁购得天津李善人家藏古籍一批，其中有宋元版的书籍数种。他们还以 1800 元购得唐晋江欧阳詹行周所撰南宋刻本《欧阳行周集》2 册。"

当年的交通并不发达，陈济川能够在南北两地大量收售古书，可见其有着何等的活动能力。陈济川的弟子高震川在《上海书肆回忆录》中这样描绘师父的神通广大："陈济川对我国南北方的藏书家十分熟悉，有很深厚的私人交情。1937 年间和天津宏雅堂书店主人张树森合伙购进了上海著名藏书家张钧衡的全部藏书。张家的藏书以元明刻本、抄校本居多。张钧衡还刻印了《适园丛书》《择是居丛书》等书。张家卖给陈济川的书中，《适园丛书》《择是居丛书》就有上百部之多。这批书由上海装船运至天津，再由天津陆运北京，装载了五六卡车，数量之多，在当时是罕见的。后来陈济川又收购到南浔刘氏嘉业堂、庐江刘氏善斋藏书。来薰阁库藏古书的规模也就可见一斑了。"

正是由于陈济川的这种特殊本领，使得来薰阁迅速壮大起来。赵长海所著《新中国古旧书业》中提及："1922 年，陈济川刚刚接手来薰阁之时，故宫处理一批旧物，其中有几千麻袋的破损明清档案和历代图书，来薰阁即派出数人，在故宫收进来十几麻袋的图书。"此处所言应当是著名的八千麻袋事件，来薰阁从中拿到了一批好货源。而对于陈济川的收书情况，雷梦水在《琉璃厂书肆四记》中也有记载，并且点出了一些善本的具体名称。如此多的善本，都经过来薰阁交易而出，其能力之大，难怪被人视为民国古旧书业的领军人物。业务做大之后，陈济川又在上海开起了来薰阁分店。为什么要在南方开分店呢？高震川在《上海书肆回忆录》中的所言点到了要害："来薰阁随着业务的不断发展，于1941年在上海威海卫路永吉里93号开了分支机构。1942年中秋迁往广西北路281号，正式开了分店。北书南来，南书北运。"

那个时代的南方与北方因为信息不流通，同样一部书，在南方便宜，有可能在北方售价就很贵，反之亦然。陈济川正是打了这个地域差，往返南北，赚取差价。谢兴尧在其所撰《书林逸话》中也点破这一层："上海特派员，去年亦收得《聚学轩丛书》数十部，以南方十元之本在北京卖七十元，于同行尚不许多取，虑其将行市弄坏也。诸如此类，则在卓识。"同样一部书，南北两方的差价竟然达七倍之多，看来古旧书在那个时代也算暴利行业。

陈济川为什么能够将来薰阁营得如此风生水起，这跟他的经营有方当然有很大关系。比如在具体的经营手段方面，来薰阁也开始编修书目，当然具体的编目之人并不是陈济川。马洪主编的《中国经济名都名乡名号》中有一篇"来薰阁——北京古籍之窗"，该文中列出来薰阁兴盛之道有三条，其中第三条就是编印书目："本世纪30年代，有一朝鲜学者住在来薰阁中，闲居无事，便帮助来薰阁编辑书目，伙计马键斋协理编目，《来薰阁书目》第一期于1931

年后出版，封面是著名书法家沈尹默题签，此后，每隔一两年，马键斋就负责编印一期书目，前后共 6 期，封面请钱玄同、陈垣、马衡、沈兼士等学者名流题签，书目按经、史、子、集、丛书等 5 个部分排列，每种书籍都有编号、书名、著者、版本、册数、价目诸项。"

这段话中称给来薰阁编目之人是一位朝鲜学者，然并未点出这位学者的姓名，而胡金兆在《百年琉璃厂》中说到了这样一件事："七七事变前，他由魏建功先生介绍，在来薰阁书店中接待了朝鲜学者金九经先生，负责其住宿。"此处所言的金九经是否就是替来薰阁编目之人呢？该文没有点明。不过，上文曾提到的周铭、韩彤所撰之文明确称《来薰阁书目》第一期就是出自金九经之手："为了方便顾客购书，来薰阁编印书目，实行明码标价，以广招徕。《来薰阁书目》第一期于 1931 年由朝鲜学者金九经主编，店伙马键斋协助编成，其封面由沈尹默题字，由魏建功审定后印出，此后每隔一两年就由马键斋编印一期，先后共六期。"

书目的编纂显然促进了书籍的销售，而来薰阁在编写书目的同时，也开始自印书。关于来薰阁的印书情况，马洪在其专著中提及："1930 年以后，来薰阁开始自印书籍出售，前后共印书籍十余种。"具体的书名，文中并未列出。然胡金兆在《百年琉璃厂》列有来薰阁所印之本的细目，其中有：《胡氏书画考》三种，《古文声系》二卷，《段王学五种》，《段契摭佚》一卷附《考释》一卷，《中国古代社会新研初稿》不分卷，《书经》六卷，《诗经》八卷，《山带阁注楚辞》六卷附《余论》二卷，《楚辞说韵》一卷等等。

刷印书籍当然需要刻版，同时还需要大量的墨汁，一般书坊都是购进相应的原料，然后再进行操作，但韩征在《来薰阁——进进出出皆鸿儒》中说："来薰阁不仅卖古书、收古书，还能出书。来薰阁印刷的书籍主要是刻版线装书，选好梨木做刻制木板的材料，使用的松烟墨汁也是自己制作，曾出版过许多经、史、子、集等古书。"看来，来薰阁不止是旧版新刷，他们还自刻版片，更奇特的是，刷版用的墨汁竟然也是自制，这种做法在其他书店中颇为少见，可见陈济川在经营上已经走到了书籍出版的上游，这也是其他书店经营者少有做到者。

　　除了在硬件上下功夫，陈济川在人际交往方面也极具特长。荣新江、朱玉麒辑注的《仓石武四郎中国留学记》中多有记录仓石跟陈济川之间的交往。仓石在《述学斋日记》1930年1月11日中第一次提到了陈济川："陈济川来，送五拾元，并高尾生所赠点心。借缪小山刻《云自在龛丛书》、刘承幹刻《说文段注订补》。"仓石的这本日记写得太过简约，他上来就说陈济川送来50块钱，以及转赠来一位名叫高尾生的人所赠点心。从这段记载可见，陈济川跟仓石有着密切交往，而仓石又向他借了两本通行之书。关于借书之事，仓石日记中多处皆有记载，比如同年1月25日又记载："游琉璃厂来薰阁，借王绍兰《管子地圆篇注》胡氏刻本、吴山夫《说文引经考》原刻本、段茂堂《经韵楼集》光绪刻本。在通学斋遇蜀丞先生。夜，陈济川来收订帐目。"仓石不断地借书，陈济川一一给之，可见其不是小气之人。不但如此，仓石在日记中还多有记载陈济川请他吃饭之事，比如仓石在这年的2月1日记到："来薰阁陈济川请便饭。夜深始归。"而 2 月 11 日，仓石又写到："陈济川代购邓刻《玉篇·广韵》（三元）、《傅音快字》（一元二角）。夜与宛亭、济川在杨梅竹斜街小酌。"

陈济川与买书人之间有着如此密切的关系，这也正是他经营成功的秘诀之一吧。另一位日本汉学家吉川幸次郎还专门写过一篇《来薰阁琴书店——琉璃厂杂记》，吉川在此文中首先讲到了他在北京生活三年期间，最让他怀念的就是古书街："昭和三年到六年，即 1928—1931 年，也就是民国十七年到民国二十年，这三年间，我作为留学生，在北京生活。这期间的记忆，值得反复回味的美好印象：不在剧场和戏院，不在饭馆和餐厅，而在古书街市。"

为什么有这么美好的印象呢？吉川幸次郎以十分形象的语言记录下某天他在来薰阁的经历，他从乘车至来熏阁门前记起："我的人力车，一般总是先在十字路口往西拐，向前行至南侧的第三家门面即来薰阁书店前停下。书店中可见的，虽与其他书店并无二致，一样是函装的中国古书，但这里不愧是琉璃厂第一新派人物陈济川经营的书店，在进门处改装成了全幅的玻璃门面，因此，我的车一到，店内透过玻璃门就能看到。这时急忙走出相迎的，是主人的弟弟——二先生。而我的人力车费，一般就由他交付。"

不知道吉川所乘的人力三轮车车费是多少钱，但总之，他刚来到来薰阁的门前，陈济川的弟弟就迎了出来，马上付了车费，而这位弟弟身后的"四五个伙计，也都一齐站起来，向我点头行礼"。接下来，吉川穿过门店，在后院内见到了正在忙碌的陈济川，而陈看他走过来，立即喊了一声："先生好！"对于陈济川的穿着和长相，吉川用如下一句话予以概括："照例是灰色的长袍，北魏佛像那样的容颜。"

吉川的这句话，让我很是脑补了一番，但我是想象不出北魏佛像的容颜代表了怎样的形态。胡金兆在文中对陈济川的形容就具体了很多："笔者很小时就认识这位陈济川叔叔。他个子高，头大，人爽朗，大嗓门，爱说爱笑，因而得了个外号'陈大头'。来薰阁与先父当经理的会文堂新记书局是相隔不远的斜对门。"胡金兆既然见过陈济川，形容便应当很准确，可惜"陈大头"的绰号显然不如"北魏佛像"来得雅驯。

吉川在对谈之中，体味到了中国书商客气礼貌下的自尊，这个自尊正是来源于"先生"二字："书店里有十来个这样的小伙计，刚来北京时，我不知道怎样称呼他们好，后来，问了陈老板，他的回答也仍然是'先生'，很雅的称呼。"陈济川让吉川称店中的小伙计为"先生"，这令他十分感慨，吉川在文中克制地说道："原来，在中国，'先生'一词不像在日本那样是那么庄重的称呼。"以我了解的情况，除了这段记载之外，我从未见人称书店的小伙计为'先生'，故而我怀疑陈济川的话另有深意。

虽然吉川不习惯称来薰阁的小伙计为先生，但他还是敬佩陈济川的经营手段："他是琉璃厂几十家古书店中惟一有创新意识的人。在那与日本人做买卖的书店还很少的时代，积极主动地与日本人交朋友的，就是他。他还两度来日本，在东京、京都、名古屋开图书展卖会。同行们对他这种海外兴业行动，半是嫉妒，半是观望，而他以可观的收益证明了他的成功，也给同行中的观望者一个漂亮的回答。"正因为如此,吉川幸次郎在离开中国后,写出此怀念之文,而后他说了句:"陈济川,是我最想相见的中国人之一。"

陈济川能够让人这样怀念,不仅是他做人的技巧,从他的经历来看,他还是位仗义之人。抗战期间,郑振铎为了躲避搜捕就曾经在他上海的库房内藏了几个月。这句话今日说起来简单,在当时是冒着很大的风险。当年郑振铎编的一系列图录,也都请来薰阁上海分店进行销售。赵长海在《新中国古旧书业》中写道:"由于陈杭和郑振铎的交往甚密,因而郑振铎所编的《中国版画史图录》《诗余画谱》《顾氏画谱》《中国历史参考图谱》《域外所藏中国古画集》《长乐郑氏汇印传奇》等书,均由来薰阁上海分店经销。甚至来薰阁上海分店的标价暗码'明月松间照,清泉石上流',也为郑振铎从王维诗中所选定。这可充分反映郑振铎与来薰阁书店的深厚情谊。"

来薰阁在经营的过程中,也努力支持抗日。胡金兆在文中写到:"在暗地里悄悄地做了一些对抗日有利的事。他除了在上海想方设法帮助掩护进步的文艺人士外,还通过谢国桢教授的关系,把一批敌伪禁运的图书偷偷运送到解放区。虽然数量不算大,但等于渴中送水,一定程度缓解了解放区缺乏图书的困难。"

上世纪 50 年代,来薰阁参加了公私合营,因为陈济川德高望众,在北平时期就任书业公会会长,解放后又做了一系列有益的工作,因此他在"1950 年任北京市图书出版发行业分会主任委员,同年冬当选为全国出版会议代表,是前门区第一届人民代表大会代表、民主建国会委员。1950 年,参加组建公私合营的北京新大众出版社并任经理，是年编辑出版《中华人民共和国阴阳合历全书》，内容新颖，一扫封建迷信传统，初版印行120万册，各地重印1000万册，颇受读者欢迎"。通过这些记载，就可看到他在业界的影响力，故而赵长海在其专著中对陈济川给予了如下评价："1931年，继其叔质卿业，该店收售业务蒸蒸日上，逐渐发展成为北京最大的一个私营古旧书店，陈杭也成为北京私营古旧书业的代表人物。"

经过几十年的变迁，琉璃厂也进行了改造，关于来薰阁店面的原本形象，以及改造后的情况，胡金兆在其文中写到：

> 三开间的大门面，进深亦为三间，很气派，还有楼，藏书很丰富，不完全是古籍，不少是古籍新印或与传统文化靠近的书籍，楼下新印书，楼上古旧书。它所占用的原地是西琉璃厂三大旧书店之一的富晋书社和两明斋墨盒店，与设在海王村公园中国书店外侧邃雅斋遥相呼应。
>
> 原来的来薰阁还在西边，西琉璃厂180号，其东邃雅斋是192号，富晋书社是193号，三大旧书店并排，相邻十几个门。20世纪80年代重修琉璃厂，来薰阁大体还在原址，是五间门面带楼，后面还有很大的院子和房子。现在东迁到现址。

余生也晚，没能真正赶上琉璃厂的辉煌，我藏书的时候，琉璃厂已基本上变成了今天的格局。当年我最喜欢去的淘书之地就是海王村，但今天的海王村已经变成了画廊，虽然有一侧还存在着四宝堂，但跟古书一点儿关系都没有了。近十几年，就我个人而言，留下的脚步大多在西琉璃厂这条街上。而西琉璃厂入口处第一家书店，就是来薰阁。十几年来，来薰阁的一楼主要经营文史书和艺术画册，二楼专卖古书。80年代末期，来薰阁的二楼除了古书之外，还经营钱币、铜镜。我印象最深的，里面还摆着很多晚清民国私人钱庄票号的印章。那时候的印章刻得极为精细，可能是为了防伪，大多是用牛角和象牙所刻。这些印章陈列在柜台里，我每次到来薰阁都趴着柜台细看。那时一个印章大约一百到两百元，而我当时一个月的薪水也不过就是这个数，当然只有看看的份儿。

在来薰阁买旧书的经历，我印象最深的是自己在一年一度的古旧书市上，买到了清顺治殿版《御注道德经》的蓝绫函套。那个函套十分精致，应当是宫内的陈设本，而当时买它就是图个漂亮，因为才五毛钱。此后不久我在来薰阁看到了该书，于是很想给自己的这个函套配上书。一问价格，十八元，我觉得用十八元来给自己五毛钱的物件做配套，好像有点儿奢侈，就想等等，书降价了再买。但很多事是逆着自己的思维发展，那十八元，转年就涨到了八十元，此后一路飙升，涨到一万元，我觉得已经是天价，后来又轻松地跨过了十万元。现在拍场上的成交价，根据品相的好坏，在四十万到七十万之间。而我那个可怜的函套，只能二十多年来独守空房。

可能是因为这个原因，我对来薰阁印象不佳。在西街上，我买书最多的两家是古籍书店和读者服务部。就营业面积而言，古籍书店应当是琉璃厂各家中国书店中营业面积最大的，这些年来我跟此店的几任经理都很熟，只要到琉璃厂时，就会不由自主地登上二

古籍书店外观

楼，穿过那碰头的横梁，进入经理室内，去喝水侃天，看到可意的书，只要价格合适，就顺便买了回来。

就古旧书的营业面积而言，我觉得古籍书店不仅是中国书店各门市中最大者，就我的眼界所限，在全国恐怕也是排在第一。二楼店堂的另一面有一间三四十平米的独立区域，里面专卖旧平装，以前中国书店大库每过一段就会放一些货给各个门市部，而旧平装到货后，都会整齐地、书脊朝上地码在此厅中间的台子上。那个时候大家的消息都很灵通，我有好几次看到谢其章、赵国忠等一帮死党来这里选旧平装。二楼楼梯口的右手也是个独立区域，那个区域专门卖期刊和外文杂志。这么多年下来，我对古籍书店可以称得上了如指掌。熟悉店堂的格局有一个好处，就是可以毫不费力地摸到哪些书是新上架的。

那天再次来到琉璃厂，我的目的很简单，就是为了拍照。拍照有个好处，为了观察细部，会在这个过程中看到很多平时忽略的细节。我那天拍到琉璃厂西街，就明显的感受到它跟以往的不同，这个不同究竟在哪里，也难以说清楚。在西街第一个拍摄对象，当然是来熏阁，拍完外景，我准备进店堂内，一推门，才看见里面在装修，书一本也不存在，这让我很意外。问施工人员怎么回事，他指了指窗户，示意我自己看。我这才看到门口贴着告示，说店面装修，里面的书全部已移到了古籍书店，请顾客到那里去挑选。

来到古籍书店一楼店堂，看见里面变化并不大，好象书堆积得比以前更密集了，来熏阁的经理赵伯众先生正给一个客户讲解一部书，看我进来，马上来打招呼，说客人走了再跟我聊。于是我自己来到了二楼古书区，里面的格局似乎有较大的变化，经营线装书的陈列面积比以前大了许多，并且摆得也很满，很是整齐，看得出店内的管理比以前严谨了许多。

过了一会儿，赵经理上来跟我打招呼，我问他何时从来熏阁调到了这里。他向我解释说，不是调到了这里，而是这里变成了来熏阁。我不明白，请他细解释。赵经理告诉我，因为来熏阁店离古籍书店只有几十米，而经营书的品种却有百分之八十的雷同，所以总店把来熏阁和古籍书店进行了合并，但经营上头，仍然有各自独立的系统。现在的基本格局是，二楼是来熏阁，一楼是古籍书店。古

1. 二楼古籍陈列区　2. 待售的古书

籍书店主要经营新书，来熏阁主要经营古旧书。我说这个变化太大了，在我印象中，来熏阁就应该在他原来的位置上。赵经理笑着告诉我，其实这是大家的误解，因为来熏阁真正的位置就是现在的古籍书店，而我们熟识的来熏阁店，在以前是另外一家，所以来熏阁来到这里经营，才等于回归到了原来的位置上。

我问赵经理那原来的来熏阁店怎么办呢？他说总店也有相应的考虑，装修完后可能会把海王村拍卖公司从邃雅斋独立出来放在这里，这样拍卖公司就有了自己的场地，在经营上头就可以扩大影响力。

看来一切都在变化之中，有些变化会出忽我的意料。我一直坚定地以为，惟一不变的就是自己的这种爱书之心，但近两年的各种变化，也开始让我怀疑，天下没有不变的事情，变与不变都是相对而言。但我觉得，无论怎样，总要把一颗心放在一个相对恒定的位置上，才能让自己心安地活下去。

名列三卿　东家橄丞
中国书店邃雅斋店

邃雅斋是民国时期琉璃厂专营古旧书的老字号，关于该店的情况，孙殿起在《琉璃厂书肆三记》中，仅有如下几个字："董金榜，字会卿，新城县人；刘英豪，字子杰，深县人；郭景新，字子章，三河县人，于民国十五年开设，多板本书。于二十五年发行邃雅斋丛书。"由这段介绍可以得知，邃雅斋有三位老板，开办于民国十五年。关于这家书店的经营特色，孙殿起仅用了"多板本书"四个字形容，看来该店主要是经营善本级的古籍。

邃雅斋究竟经手过哪些好书，雷梦水在《琉璃厂书肆四记》中举出了如下实例："董、刘二氏通目录学，前后经刘氏收得宋刊本约二十余种。董氏所收善本亦伙，如：一九三九年与文殿阁、乔景熹及上海古玩商孙伯渊等合伙购进南京邓邦述家藏古书，共价四万元，其中大部分皆系钞校本，最著者有《穴研斋钞本》六种。一九四一年左右，该店特聘外埠收购员赵智丰由武汉得明《周益文忠公大全集》一部，原订十六册，有黄丕烈跋，并补钞数处，每册书皮皆有黄氏题字，其后陆损之又手批重校一过，一批到底，绝精，一九五六年献于北京图书馆。一九四二年，由上海得明兰雪堂

邃雅斋外景

仿宋活字本《容斋五笔》，宋洪迈撰，黄棉纸，有严元照批校并题跋，归天津赵元方先生收藏。一九四六年由山东黄县丁氏家得明蓝墨格写本《册府元龟》一部，白棉纸，书品完好，售价一千八百元，归天津刘明扬先生藏。一九五二年得明天顺五年刊本《宋学士全集》一部，计二十六卷，附录一卷，明宋濂撰，黑口。一九五九年由本市得《菊坡丛话》一部，计二十六卷，订六册，明单宇编，约明弘治间刻本，黑口，硬黄纸，售价一百八十元，归北京图书馆。"

　　竟然有这么多好书由该店收售，看来店里的确有深懂版本之人。就业界的口碑来说，这三位股东并非人人目光如炬，名气最大的一位当是董会卿。民国年间，琉璃厂的旧书业中有三位最懂书之人，而这三人的字号中都有个"卿"字，故被并称为"三卿"。胡金兆在《邃雅斋和它的创业者——董会卿》一文中谈到了"三卿"分别是何人："文禄堂主人王文进，字晋卿，河北任丘人；通学斋主人孙殿起，字耀卿，河北冀县人；邃雅斋主人董金榜，字会卿，河北新城人。因这三位的表字都有个'卿'字，又都业绩出色，故人们常以琉璃厂旧书界的'三卿'称之。"

雷梦水在文中称邃雅斋是"三人伙设"，由此看来，邃雅斋是三位股东共同投资，共同经营。邃雅斋能够收到这么多的好书，肯定有雄厚的资金，叶祖孚在其所著《北京琉璃厂》一书中亦称："邃雅斋资金雄厚，常有几个人在外收书，收得书后不急于出售，因而藏书极多。"邃雅斋的三位经营者为什么有那么多钱呢？按理说，他们背后一定有资金支持。陈重远在《琉璃厂史话》中便指出，邃雅斋的真正投资人并不是这三位："清末民初，西琉璃厂开了一家同古堂图章墨盒店，店主张樾丞，河北新河县人，刻白铜墨盒和图章很出名。……笔者的师叔范岐周说：……张樾丞是益元斋刻字铺的徒弟。他还说：张樾丞在民国年间是琉璃厂的三大财主之一，其他两位财主是咱古玩行的黄伯川和韩少慈。民国十四年张樾丞同别人合资开邃雅斋古书店。民国十九年，他在邃雅斋旁边独资开敦古谊碑帖店，后改字号为观复斋。"

原来邃雅斋的幕后老板是张樾丞，张樾丞同时又是民国年间有名的篆刻家。早在二十年前，我就与张樾丞的孙子相熟，他仍然在琉璃厂搞篆刻。在与我聊天时，他曾谈到了他爷爷所刻最有名的印章是中华人民共和国国玺。这件事，陈重远在《琉璃厂史话》中也有提及："张樾丞擅长篆刻艺术。他平生刻印以十万计，1935 年《士一居印存》问世，至今仍发行。他曾给爱新觉罗·溥仪、梁启超、蒋中正、何应钦、白崇禧、李宗仁等当时的国家要人治印，也为溥心畬、张大千、齐白石等国画大师刻印章。1949 年，他为中华人民共和国国玺设计方案，刻制出长宽 3.5 寸的宋体字国玺方印。他还给周恩来总理刻制过长宽在 0.8 至 1 寸的篆文印章。"

关于张樾丞刻章的经历，胡金兆在其文中称："张樾丞，河北新河县人，生于清光绪七年，14 岁时为谋求生路，背着行李步行来到北京，在东琉璃厂益元斋刻字铺学徒。他天赋奇佳，又刻苦学艺，不久就脱颖而出。一次，客人指定要刻某种繁难的字样，师父不敢接，而他却大胆的应承下来，刻得很出色。由于他勤于钻研印艺，刻苦磨炼手中刻刀，刻工精湛，不久名声鹊起。"由于刻苦钻研，张樾丞成了琉璃厂最著名的篆刻家之一，而胡金兆在文中又说："张樾丞不仅是邃雅斋出资的东家，而且是慧眼识人，非常看重董会卿，可以说，若没有董会卿出山当掌柜，那张樾丞是否出资开邃雅斋这个买卖还要另说呢。"

看来张樾丞是通过自己的篆刻收入积下了开店的本钱。据说他在鼎盛时期，刻章的润例是每个字一块大洋，而他有时一天就能刻上百字，这样的收入远超他人。但张樾丞能够转投古旧书业，显然另有意外的收入。胡金兆在文中讲到民国年间印章界的规矩，原来那时刻印，都是先交件后结帐。袁世凯当大总统时，梁士诒任交通银行总理，发行了交通银行纸币，这种纸币被时人称为"交通票"。1916 年袁世凯复辟失败而亡，梁士诒也被视为复辟帝制的祸首之一，为此他逃亡香港，而后交通票大贬值。当时有位北洋政府的官员提着两大包交通票，来到张樾丞的刻字社，称以此来还帐。张樾丞已经知道这种货币不值钱，但他还是收了下来。

转年，北洋政府任命曹汝霖为财政总长兼交通银行总理，交通票又恢复了原面值兑现，正是这两大包交通票使张樾丞发了财。因为有了这笔钱，所以让他动心思转投其他行业。胡金兆在文中写到："他想以自己手中的资金，再投资开店。正好西琉璃厂靠东，万源夹道北口西侧的一片店要倒闭出手，张樾丞认为地方好，想开个旧书铺。开铺子重要的是有个好掌柜的，以他在琉璃厂的阅历，他相中的是为人憨厚老实、又有经营本事、才德俱佳的董会卿。"

张樾丞看好董会卿，跟董的经历有很大关系。董会卿是河北新城县人，14岁就来到了北京，而后进福润堂旧书铺学徒。福润堂当时另有一个匾额叫"配书处"，原来该店专门补配残书。此外，福润堂还有一项主要经营则是到宫内去收书，这样董会卿就有了进宫送书的机会。几年后，他熟悉了目录版本之学，但依然帮助师傅经营旧书。张樾丞就是看中了他这一点，故而在创建邃雅斋时，就把董会卿挖了过来。

张樾丞没有看错人。而且除了董会卿之外，另两位股东也齐心协力搞经营。胡金兆在其文中有如下描写：

> 邃雅斋在西琉璃厂，东有王富晋执掌的富晋书社，西隔不远就是有名的来薰阁，且两家旧书铺都先开业十几年，已有相当影响；但邃雅斋新起却虎虎有生气。主要一是资金充足，发现好书能收得进来；二是董、刘、郭三人不是同门胜似同门，团结合作戮

力同心。董作为掌柜，除掌握经营大计外，把最要眼力也是最辛苦的到各地收书的事，自己承担下来。外出时，铺子的事交由刘、郭主持，还尽量发挥他们的所长。二掌柜刘子杰以"手艺好、眼睛亮"深孚众望。手艺好指他抄书、补书、修书的技术高明；眼睛亮使他鉴定版本别具慧眼。三掌柜郭子章精细谨慎，专门负责为邃雅斋编写书目。

正是这样的努力经营，使得邃雅斋迅速壮大起来。谢兴尧在《书林逸话》中写到："至于北京书业，自以隆福寺之文奎堂、修文堂，琉璃厂之来薰阁、邃雅斋等为最大。"到后来，邃雅斋已经与来薰阁并称为琉璃厂最大的两家店之一。

既然邃雅斋的投资人乃是张樾丞，那为什么孙殿起和雷梦水却称是董会卿等三人合伙经营者？胡金兆的一段叙述解答了这个问题："（董会卿）他与副手刘、郭二位合作了几十年，关系一直十分融洽。后，郭子章病逝，按理人在人力股在，人去股消。可是董会卿力主长期保留郭的人力股，归其家小。东家张樾丞也十分念旧，同意董的意见。郭子章的家属一直拿着邃雅斋的人力股，直到公私合营，故而对董会卿关照孤儿寡母的盛情感谢不尽。"胡金兆在这里只是说刘英豪和郭景新入的是"人力股"，关于这三个字，应当就是今日的"技术入股"，也就是靠自己的能力入股，并不是实际投资。但董会卿是否也是人力股呢？胡金兆未曾提及。按此推论，估计董会卿也属于人力股，只是他们三人各占了多少股份，我却未找到相应资料。

邃雅斋在经营的过程中，的确收到了大批好书，除了以上所谈，他们还收过整份的书，比如在 1939 年，邃雅斋合伙购入了邓邦述群碧楼的藏书，这件事载于郑振铎 1940 年 4 月 2 日所撰《文献保存同志会第一号工作报告》中："邓氏群碧楼书为孙贾伯渊及平贾等所合购（闻出价四万余元）。善本不过三百余种，而索价至五万金以上，普通书亦不多，观其送来之书价单，其全部定价在十万以上，可谓未之前有之奇昂。惟其中明抄各书及何义门、鲍箓饮、劳氏兄弟所抄校者，实是珍品，弃之可惜。"看来这批书开出的价格不低，以至于让郑振铎有鸡肋之感，但最终还是替图书馆将此批书买了下来。

郑振铎在 5 月 7 日所写的《文献保存同志会第二号工作报告》中记载了买下这批书的价格及其中的难得之本："群碧楼邓氏书，已以五万五千元成交。其中善本，约有三百数十种。以抄校本为最多（大多数为寒瘦目所著录）。抄本中最可贵者，有季沧苇辑《全唐诗》（誊清本）百五十八册，邵二云、孔荭谷抄校本《旧五代史》十四册，孙渊如、严铁桥批校本《春秋分纪》十七册（原底为明抄本），蒋西圃手抄，鲍以文、顾千里、叶廷甲合校本《梧溪集》六册，何义门批校本《三唐人集》八册。"

邃雅斋与人合伙买下群碧楼藏书的价格是四万多元，卖出的价格则是五万五千元，看来这一笔就赚了不少钱，而后郑振铎在第四号、第五号报告中均提到从邃雅斋买书之事，以版本和价值论，似乎以第五号报告中所记最为难得："平肆邃雅斋历年得山东毕氏、黄冈刘氏及各地藏家之善本不少。数月前，曾以此项善本三百余种邮寄敝处。经我辈仔细研究、选剔、择其确是罕见秘籍或四库存目之'底本'，今日不易得到者，收下八十余种。价虽颇昂，然已费尽口舌争论矣。计得宋刊本《鬳斋考工记解》四册，宋刊本《翻译名义集》七册［与《四部丛刊》影印之祖本相同，然《丛刊》序言作者脱一'葵'字（周葵），关系非浅。其他可资补正处尚不少］，元刊本《三体唐诗》（四库底本，叶石君手钞序文一页）二册，元刊本（或明初本）《十八史略》二册，北宋元丰间刊本《福州藏》一册。"

由这些记载可以看出，当年邃雅斋经手过大量的善本。为了便于推销所购之书，邃雅斋也开始发行售书目录，吴小如在《北京的书店和书摊》一文中写到："自三十年代至全国解放以前，琉璃厂主要的铺面还是旧书店。有名的如来薰阁、邃雅斋等，不但规模大，且印有书目，凡老主顾皆无偿奉赠。在先父玉如公的书箧中，有若干种都是当年北京琉璃厂旧书店所赠的书目。一编在手，眼界大开。我的版本目录知识，有一大部分是从这些书目中得到的。"邃雅斋当年所印书目有一些流传到了今天，我也得到了数本，此目的编排确如吴小如所言，可以作为学习版本的参考书，因为书中不但列出来了版本，同时也标明了售价，籍由售价的高低，就可以了解到在那个时代，哪些书最受人们所看重。

邃雅斋在收售旧书之时，也有印书之举，最有名者乃是《邃雅斋丛书》。该书乃是石印本，刊行于民国二十三年，从其所收子目来看，大多是跟考据学有关的稀见之书，我抄录几种子目如下：

《三传经文辨异》四卷　清焦廷琥撰　据写本影印

《孔子三朝记》七卷《目录》一卷　清洪颐煊注释　据嘉庆本影印

《通俗文》一卷《叙录》一卷　汉服虔撰　清臧庸辑　据嘉庆甘泉林氏本影印

《史记释疑》三卷　清钱唐撰　据乾隆四益斋本影印

《尚友记》不分卷　清汪喜孙撰　据稿本影印

为了推销所印之书，邃雅斋在其书目中也会印上《邃雅斋丛书》的广告，该广告中有这样的字句："本丛书俱世所希见之书，为当今学者所亟待参考者，其中有稿本，有精抄本，有精刻本，俱就原本影印，纸墨爽朗，书印无多，购者从速。"可见，邃雅斋所编的这部丛书乃是对当时学者来说极其重要的学术参考著作，尤其是其中的一些稿本。这就给相关研究者提供了不少的便利。

1956 年开始搞公私合营，北京的旧书业全部合并进中国书店，但因为邃雅斋和来薰阁名气较大，老字号得以保留。然而 1957 年时，董会卿却被打成了右派。董平时为人少言寡语，他被打为右派令很多人感到吃惊，后来才了解到，他的右派之名，乃是因为无意间说错了一句话。董会卿的长子董学敏被选派留学苏联，在此期间有同学回国休假，董学敏就托这位同学请父亲买两支钢笔带过去，说苏联的钢笔不好使。于是董会卿就买了两支名笔，而后无意中说了句："苏联早已经工业化了，怎么钢笔却不好用？"他的这句话让有心人给举报到有关部门，于是立即就成了右派，接着撤职减薪，下放到中国书店灯市口门市部去干杂工。直到 1979 年，董会卿才被"错划改正"，此时他已经 84 岁。三年后，他就去世了。

邃雅斋处在海王村公园的东北角上，沿着南新华街有着长长的一排门脸房，这排门脸房被业界称之为"百米书廊"。但后来经过改造，书廊的中间一段成了对外出租的画廊，"百米书廊"的称呼显然已经不适用。改造在 2004 年底完成，2005 年 1 月的《出版参考》上刊有记者李萍所写《百年老字号邃雅斋重张开业》一篇报道，其中有如下简述：

> 昔日邃雅斋的"百米图书长廊"可谓琉璃厂一景，为众多读者津津乐道。如今整饬一新的邃雅斋店堂分为南北两部分，店面齐整，风格古朴，上架琳琅，品种逾万，仍是琉璃厂地区实力雄厚、种类丰富的书店之一。所营涉及艺术、收藏、碑帖、技法、文学、历史、哲学、旅游、综合、工具等类，并为爱好收藏的朋友设有古旧书专区。

我不知道在中国书店内部的核算机制里，它是算一个整体，还是每个店都独立经营。如果合在一起的话，邃雅斋应当是中国书店各门市部中占地面积最大的一家。约三十年前，邃雅斋的营业场地分成了几个不同的部分，其中收购部处在中段的位置，也就是现在的画廊。我记得某次在店里头看到刚刚收购的一部不带花边的乾隆拓本《三希堂法帖》，亮墨拓的感觉真称得上是神采飞扬。当时的收购价是一万五千块钱，那位收购的店员问大家，两万元钱谁要？而那个时候两万块钱不是个小数目，我印象中在1991年的时候，四室一厅的房子是四万块钱一套。看到这套三希堂的时候，我还没钱。旁边一位老军人拄着拐杖也在看这套碑帖，他看出了我的喜爱，跟我说，孩子，你有钱还是买下来吧，这可是一辈子难得一见的好碑帖。他哪里知道我囊中羞涩，他的这句话让我的脸上更羞涩。自那之后，距今已经三十年，确如那位老军人所说，我再也没有看见过完全的、不带花边的乾隆内府拓本。

前几年我问中国书店的某位经理，当年邃雅斋收购的那套乾隆拓三希堂还在不在？他说，那个拓本已经成了店里的镇库，收归到了总店大库里，恐怕不容易卖出来了。这位经理接着说，真能卖出来，也不会便宜，价格也会在二百万以上。如此说来，近三十年之间，涨价一百倍，不过那四万块一套的房子，按照位置和面积来说，到今天恐怕不止涨了一百倍。如此比较起来，大家感叹古书涨幅很高的时候，其实是忽略了其他的东西也在涨价，甚至远远超过了古书和碑帖的涨幅。

邃雅斋搬到现在的这个位置上，已经是十几年前的事情，当时的一楼陈列着线装书，数量巨大，我记得有一次跟陆昕老师转到此店，看到了一部民国西泠印社的聚珍版活字本，书名我忘记了，好象标价是两千元。陆老师跟那个店员认识，给我打了九折，把这部书买了回去。又过几年，这一楼的线装书全部下了架，改成了新书区，而只在二楼的一小部分卖线装书，那之后我就很少再来这个店买书了。

海王村拍卖公司成立后，原本在琉璃厂西街，后来邃雅斋盖成了三层楼，中国书店总店和拍卖行就一并搬到了这里，因为这个缘由，我去这个店就比去其他店频繁了许多。后来古籍书店的张晓东经理到此店任经理后，我便成了这里的常客。张经理人既随和又好客，他的办公室渐渐成为了书友的聚会地点。他每次都能拿出一些意想不到的好书让我看，印象较深的一次，在他这里买到了《北平笺谱》的第一版，此版是鲁迅和郑振铎合作，总计出了一百部，编号发行，后面还有两人的签名，因为供不应求，之后又出了一百部，而这再版的一百部，后面的签名则改成了木刻印刷。前一百部的确很稀见，这么多年来我经眼过七八部。有一天突发一想：能不能查清这一百部的今日下落，然后做个拼图游戏，搞清楚这一百部的流传情况，也是很有意思的一件事。我正想这个时候，谢其章兄来电话，我就告诉了他这个小构思，老谢很是赞赏，他说极有市场，而且他认识一个人就类似这么做，下了很大功夫，研究清楚了红印花邮票在同一版中的原有位置，可惜这件事说说而已，至今我也没去实施。

近些年邃雅斋定下了自己的格局，一楼分为两个区域，主区域是卖文史书和印刷的碑帖画册，副区域虽然面积小，但却是我最喜欢的地方，因为店里把目录版本学类的著作统统放在一面墙上，这让我很容易的找到新出的相关著作。近些年来，我所购买的目录版本学工具书，基本都是从这个架子上拿下来的。这间房屋的另一侧是经营新印线装书，工作人员个个儿都跟我混成熟脸，我一到店，就纷纷跟我打招呼。有一天，一个店员跟我说，你影印的《鸿雪因缘图记》卖得很好，能不能再加印一些？我说自己没有印过这部

书，他说这部书自己店里卖完了，然后跟我描述一番，我终于听明白了，他说的这部书，是国图出版社的影印本，当时是责编王燕来兄请我给此书写了序言，就是因为这篇序言，才让这里的店员误会是我所出者。这个版本跟我后来出的彩印本不同，国图社影印的这部是墨印本，它把开本展延开来，使得该书形成了近似正方形的大八开，看上去的确漂亮。

邃雅斋的二楼现在也分为两个区域，主要部分全是线装书和碑帖，另有一块是古旧书的收购区。原来这个区域是在一楼楼梯下面的一间小屋，收购的负责人是窦水勇先生。他在楼下小屋时，我曾跟他讲，楼下的小屋按照古代标准的称谓，应当叫做"簶"，你应当找个名人写个牌匾挂起来，名叫"宝书簶"。他说我起的名字太

二楼古旧书区

俗，自己要好好想一想，但还没想明白的时候，他的收购处就搬到了楼上。这些年来窦兄经手好书无数，以我的看法，他已炼成了火眼金睛，在他手里想拣漏儿，那是不可能的。窦兄为人直率，性格耿介，我顶烦他那种一心为公、铁面无私的形象，但我也清楚做事各为其主，他这么做自有他的道理。

二楼店堂里陈列的线装书，按照张晓东经理的说法，摆在柜台内的大部分是代售品，这些书的价签只写书名而无售价，要想了解售价，需要由店员用钥匙打开玻璃柜，再把书签翻过来，才能看到写在后面的价格。我跟张经理探讨过这件小事，他说这也是无奈之举，如果将每个书标明价格，有些人来看书，并不是为了买书，而是来看价，看完之后，就会拿来同样的一部书，说也要按这个价格卖给店里，这种价钱店里当然不能接受，因为代卖的价格会高于行市，要卖书的人看后就会很不高兴，认为你店方标这个价格，而为什么给我的价钱却那么低。这件事情费很多口舌也难以解释清楚，于是索性就把价格标在后面，看到真正的买书人，再把底价告诉对方。

有一个柜台陈列着不同版本的清顺治刻本《御制资政要览》，这种书从传统上讲，难入正统藏书家的法眼，但近十几年来却成了热门货，这也可以称为古书界的沧海桑田。从传统角度而言，这种书当然无可读之处，而今摇身一变，却成了竞相追逐的热门货。我也细想过这里的缘由，无非就是这部书出自宫内。近些年来，不仅仅是书，凡是瓷器、字画、家具、杂玩等等各类物品，只要是出自紫禁城之内者，必能拍得善价。从新文化运动以来，先知先觉的文

四种不同装帧的《御制资政要览》

化份子极力反对皇权，要推翻封建统治，搞了一百年，皇权在市俗社会中的影响力不减反增，我不知道那些先知们如果活到今天，当如何看待他们努力的结果。

古书上这种风气比其他版块相对来说还算淡的，但也让当初视殿版书为垃圾的藏家大跌眼镜，后悔没有多存几部殿版书。在传统的藏书观念中，民国年间影印的一些珂罗版学术书，价格一直奇贵无比，二十年前一部罗振玉影印的珂罗版，价格已经在五百元以上，而同时期，五百元至少能买三十部这种《御制资政要览》。时至今日，《御制资政要览》每部书根据开本、装帧、品相的不同，价格在十五万至四十万之间，而当年五百元一部的珂罗版，二十多年过去，现在大概只能升值十倍。其实，谁都不是先知，否则的话，不用去买这些古书，去炒股，比什么都快，如果能步步踏准股市的涨跌，那用不了这么多年，你的财富就能超过十个比尔·盖茨。这种事后诸葛的感叹，对个人的行为完全无补，所以我觉得，喜欢书，就买自己喜欢的好了，不要考虑那么多的涨跌，即使跌价了，你也在买的时候得到了好心情。如果从头就患得患失，恐怕连这点收获也没有。

自从国家古籍保护中心成立以来，古书修复渐成人们口中的热词，而邃雅斋当年的修补师父王志鹏又重新走入了人们的视野中。关于他的修书经历，赵安民在《古书装订修补、木版刷印专家王志鹏》一文中有如下简述："王志鹏师傅 1916 年生于河北新城县高碑店镇，现年九十岁。只念了四年小学，即于十四岁时到北京琉璃厂邃雅斋书店当学徒，从此走上了古旧书业的职业道路。直到 2003 年，才从中国书店出版社完全退休回家安度晚年。七十多年的古旧书业生涯，使他成为北京 20 世纪旧书业的见证人，成为琉璃厂文化胜地的历史见证人。"

如果以修书历史来论，王志鹏可谓是经营此行最久的从业人员。民国年间，邃雅斋培养出的十一位弟子，其中就有王志鹏。后来他离开邃雅斋，又独自开过旧书店，雷梦水在《琉璃厂书肆四记》中记录有："又有王志鹏书店，后歇业。王氏颇善装订古书。"看来他的修书手艺在业界颇具名气。

关于他是如何修书的，刘宁在《邃雅斋和王志鹏》一文中有如下记录："补写短缺的书页，难的是字体、墨色乃至行格粗细都讲究与原书毫厘不爽，而且决不能用影写摹画来敷衍。"看来王志鹏修书之妙不仅仅是在于他的补书手艺，更多者，他能将所缺部分描润出来，而这种修书方式到今日再未见有之。王志鹏补写之书让人难以看出来，他有着怎样的诀窍呢？刘宁在文中写到："工欲善其事，必先利其器，邃雅斋设计了一种独特的笔床，以便于勾画行格。如今在王志鹏随身携带的抄书工具包里，还装着这件工具。一支与普通毛笔等长的木棍，一面挖成沟槽，使用时可以嵌入毛笔，木棍一端削成斜面，勾画行格时，只要把毛笔嵌入笔床，依笔床倾斜的角度勾画，一条粗细随宜的行格线就出现在纸面上。行格的粗细，并不靠更换大小不同的毛笔，只要善使用笔锋和控制手劲，一支毛笔即可随心所欲。高明的补抄与原书上下浑然一体，不经特殊的指点，外行人肯定真伪莫辨。"

这是很有意思的一段记载，如果能将这样的工具恢复出来，那将对古书修复业有大的促进。

首重影印　兼营他品
中国书店新街口店

　　十年前我住在西直门外，距离最近的中国书店就是新街口这一家，但来的次数也并不多，主要原因是它处在繁华的十字路口上，停车十分困难。记得有一次停在了不远处，在店里头选书不到一小时，找到了四本参考资料，花了不到二十块钱，出门却见车上贴着违章告知书，罚了两百元。自此之后，似乎就再没有来过此店。

　　2013年某天，我接到中国书店隆福寺店经理赵喜增先生的短信，他说自己调到了新街口店，欢迎我有空去坐坐。我当时答应得很痛快，但是阴错阳差，直到第二年才成行。那天在路上我给赵经理打电话，问他停车位问题是否有所改变。他肯定地告诉我，有停车位。然而当我开到了他的门口，看到的情形跟十年前一模一样：几乎没有可能停下一辆车，因为在主路和便道之间，有着钢筋水泥的栏杆，而栏杆和门店之间，只是窄窄的人行过道。我给他打电话，他出来的第一件事，就是把便道上的自行车一辆辆地搬到胡同里，然后指挥着我，将车停在了他的门口。这哪里是停车位，警察看了必罚无疑，但是赵经理淡定地说，你就放这儿，肯定没问题。这就是赵经理，他做事有着超过年龄的沉稳，让人本能地信赖。

新街口店外观

　　店堂还是那个店堂，旧书还是不是那些旧书，我没有细看，但我注意到店里有两个变化：一是门口加上了几节玻璃柜，里面摆着文房四宝；第二个变化，在店堂最里间的一排玻璃橱里，陈列的都是各种杂物。这些书之外的物件当然也引起我的兴趣。我先问赵经理，何以拓展到文房四宝。他不紧不慢地解释说，离此不远有两所老年大学，这些人为了学书法，经常需要各种用具，老人们学书法是为了快乐，并不太计较价格，所以反而是这些不起眼的文房用具，成了店面的利润增长点。我反问他会有这么大的销量吗？他说当然，这些文房四宝的销量已经超过了古书。

　　他的这句话，让我有些诧异。在我的印象中，中国书店最大的

1. 上架的古书　2. 民国旧平装

亮点就应当是古书。赵经理说，在这个地方卖古书，情况并不好，因为这里缺乏这类客人，他收到好的古书，也大都送到拍卖会。我问他，在这个地方什么更好卖呢？他告诉我的结果令我有些吃惊，他说最好卖的书，也是利润最好的书，恰恰是线装书的新影印本。同时他还不经意地告诉我，我之前影印的《鸿雪因缘图记》总计是两百部，他一个人就卖了近十分之一。

这句话的确让我意外，我问他何以能卖出这么多，他说就是因为书漂亮，只要印得漂亮就会有人要。同时他也告诉我这个书的弊端，这些彩图折叠回去较为费力，还不如做成蝴蝶装或册页装。我告诉他，原书就是册页装，因为涉及到成本问题，才改成了线装。赵经理认为这么做很不对，他说好书不怕贵，建议我再做豪华的册页装，肯定有市场。

他这个话很让我好奇，我觉得从理论上难以解释，有买几部影印本的价钱，足够买一部原本了。赵经理告诉我，大多数人可不这么想，他当门市部经理已经有20年，换过了四个门市部，以他的经验，现在的年轻人更喜欢影印本，他们认为新书干净好看，古书又脏又破，并且觉得古书是另一个时代的产物，跟自己没什么关系。这种观点让我匪夷所思，我也知道无论自己如何费尽口舌，也难以转变社会的观念。

在店堂的另一头，我感兴趣的是那些老物件。赵经理告诉我，这也是门店的利润增长点之一。因为这个门店以前也卖文史新书，后来效益不好，就全部撤换掉了，现在店里四壁到顶，陈列之书全部是旧书，或者说叫二手书。但卖这些书，不足以维持门店的经营，于是他又广开财路，开发出卖老物件。他很有兴致地打开那些橱子，把宝贝一件一件地拿出来让我欣赏。其中有一个空盒子，在我看来就是个普通的纸盒。赵经理对我的不以为然并不在意，耐心地告诉我，这是民国年间的月饼盒子，别看这么个空盒子，能保留到今天，也是很不容易。他说这个空纸盒肯定能卖高价。

他还拿出两个蟋蟀罐给我看，说这也是老物件，并且打开来看底下压实的土，给我普及知识说，这些土就能证明这两个蛐蛐罐有着悠久的历史。他从里面还拿出来一个月牙形的灰色小泥盒，说这就是蛐蛐的卧室。我一点也看不出有什么奇妙，但好玩儿是真的。

有历史的蛐蛐罐

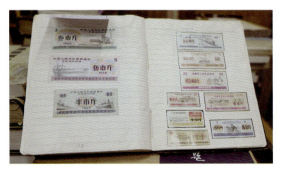

粮票册

赵经理认为，只要能卖钱的东西，都有价值。我在那里面还看到了一本粮票册，因为自己也收藏过粮票，于是把它拿来翻看，一看才知道，除了打开的这几页是真的普通粮票外，其他的都是从画册上剪下来的图片，贴在了册上。我给赵经理指出了这个问题，他只是笑笑说，买的人只是怀旧，很少会在乎这是原物还是画报上剪下来的图片。他的这句话让我真正理解了那些人为什么喜欢买影印的线装书。

参观完店堂，赵经理把我让进他的办公室，办公室不大，却堆着不少线装书，其中有一部《春秋公羊经传解诂》，是清代著名的影刻本。看到这一部书，我眼前一亮，马上问多少钱。赵经理依然很淡定，说还没有定价，等哪天有时间了再细谈。看到的第二部是

《春秋公羊经传解诂》

明代四色套印本《南华经》，这种书若在拍卖会上看到，倒不觉得新奇，但在民间绝对少见。细翻该书，品相上乘，他依然说，还没有定出价格来。

我还看到一部《曾南丰全集》，是清三代的写刻本，品相一流，牌记上还钤着"耕烟阁藏版"。看来是长洲顾东岩重刊后，又将书版转卖给了耕烟阁。其实我也没弄明白顾东岩跟耕烟阁的关系，真想买回来研究研究。但赵经理的口气很谦虚，说这种书我肯定没太大兴趣，其实我没好意思说，如果价格便宜，我对你店里所有书都感兴趣。

接着他又拿出来一个近方形的函套，依然淡定地说，这部书你一定会感兴趣。打开一看，里面是六册拓本，全部都是古铜镜拓片，书前有傅大卣的长题。赵经理介绍说，六册拓本全部都是傅大卣亲手所拓，因为在题词中有详细说明。这种拓本出自名家之手，当然难得，只是不知道价格几何。

说话间他又拿出带着原封的请安折，里面是写给慈安、慈禧和光绪皇帝每人一份的请安折。这种折子并不稀见，但难得带有原封，细看之下，黄绫护套保存得很是完整，百年过后，依然没有褪掉光芒。

看罢这些佳本，我又跟赵经理聊着书界的拉杂话题，偶尔提到了雷梦水。他对雷梦水很是尊重，告诉我自己跟雷梦水住隔壁，所以对他很是了解。他说雷梦水在文革中被打断了腿，后来拖着断腿还经常擦楼梯的扶手，对人极有礼貌。前几天有人拿着一本雷梦水日记来找赵经理鉴定，他看后，确定是雷梦水的手迹。雷梦水的老

1. 四色套印本《南华经》　2. 清写刻本《曾南丰全集》

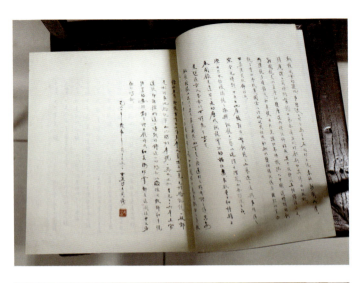

雷梦水前辈

伴至今仍然健在，已经九十多岁高龄，时常还能跟赵经理见着面。有一次，他向雷夫人问到日记时，雷夫人告诉了他日记丢失的原委。

其实这件事我在此之前也多少有些耳闻，因为我曾从某场拍卖会上买到了一大摞雷梦水还没有完成的手稿，可能是跟那日记一同散失出来的。可惜我杂事太多，否则真想静下心来，把这些手稿整理出版，以不没老先生的辛勤之功。赵经理也说，这样的老先生真的不应当忘记。

对于新街口古籍书店的历史，我未能查到相应的史料。于是去电中国书店副总经理张晓东先生，张总说，对于店史，中国书店出版社马建农总编最为熟悉，而后他帮我找到马先生的电话，马先生向我简述了新街口中国书店的变迁：

> 1964年3月26日，北京市文化局下发《关于调整解放后版旧书专业收售业务的通知》，确定将北京市新华书店在城区经营的解放后版旧书收售业务仍划归中国书店经营，东安市场、隆福寺、新街口、西单、前门大街以及海淀等地的旧书门市部因此均仍旧划归中国书店管理经营。由此，中国书店新街口书店划归中国书店西城中心店管理，一直经营至今。中国书店新街口店因距离北京师范大学距离较近，从上世纪60年代就是师大学生、教师经常光顾的门店之一，所以很多文人学者在回忆自己淘旧书的过程中，经常提起这家书店。

中国书店老经理周岩先生写过一部《我与中国书店》，这部书乃是傅璇琮、徐雁主编的"书林清话文库"中的一种。该文库所出第一部书乃是我的《书楼寻踪》，而周岩先生的这部大作乃是该丛书第一辑中的最后一种，这也算是我与周岩先生的间接关系。周岩这部大作中有一篇文章的题目为《中国书店西城分店的收售特色》，原本我读到此文时，颇为疑惑中国书店还有西城分店，当时就怀疑这里所说的西城分店就是新街口中国书店，如今马建农先生的解释，终于让我解惑。新街口中国书店原来是由新华书店划拨而来者，这跟该店下属的其他门市部情形略有不同，因为中国书店的大多数店铺都是由公私合营时合并进来的私人古旧书店。

对于中国书店合并时的情形，徐雁先生的《中国旧书业百年》中引用了1957年3月出版的《北京游览手册》中的一段话：

> 中国书店，在崇内大街（东单北）350号，专售我国古旧书籍，兼办收购业务。此外，北京还有141家公私合营书店，分散设立在交通便利的街巷、市场和商场等处，其中大部分是新书业，有一部分古书业和旧书业。

看来当年搞公私合营之时，有很多书店只是经营新书，而非从事古旧书的买卖。因此说，中国书店经营新书也算是老传统。可是朱金顺所写《买旧书杂忆》中却未曾提到当年有一家灯市口中国书店："1957年后，旧书店和大小书摊'公私合营'了，统称为中国书店。但门市部不少，常去的西单、东单、王府井、隆福寺、琉璃厂一带，都有门市部，旧书货源依然很充足。统一定价，明码出售，还是很方便的……"

不知道是否漏记了资料，但无论怎样，该总店的成立，对古旧书起到了保护作用。就贡献而言，中国书店的第三任经理张问松先生为此作出了不小的努力。张问松本是山东诸城人，虽然只念过三年的书，但在1945年8月参军入党，后来从事文化工作。他曾任中共抚顺市委主办的《新抚顺报》报社总务兼文化书店经理，此乃他从事书店业之始。对于张问松此后的经历，徐雁在其专著中写道：

> 1948年秋，"辽沈战役"胜利后进入北平，他协助卢鸣谷等接管北平有关的出版发行机构，并筹建北平新华书店，1952年被任命为新华书店北京分店副经理。1957年5月调任中国书店经理，1969年10月下放劳动。

张问松被任命为中国书店经理时，当时的状况并不乐观，周岩、郑宝瑞在《他创造了北京古旧书业的"黄金时代"——记中国书店经理张问松》一文中写道：

> 北京解放初期，有私营古旧书店（摊）151家，占全市私营书刊发行业的62.4%，主要分布在琉璃厂、东安市场、隆福寺街和西单商场等处。由于大部分私营古旧书业是一两个人的个体经济户，经营品种少，资金缺，对共产党和人民政府还缺乏了解和信任，存在着观望和等待心理。加之经营困难，因而全市古旧书业进销数量逐年下降，有的古旧书店（摊）被迫停业或转营新书或其他行业，有的则忍痛将所存古旧书刊论斤称售。

面对这种状况，张问松并未坐等观望，他"通过书业公会，要求国营中国书店除做好古旧书刊收售工作，以便在私营古旧书业中起示范作用外，还要求他们按照政府有关政策精神，收购私营古旧书店存书，降低为私营古旧书业代售书刊的手续费和管理费，介绍科研、教学、机关单位等购书单位直接与私营古旧书店进行交易，开给介绍信或与私营古旧书店同业联合到外地收购等扶持和保护措施，绝大部分私营古旧书店老板们表示拥护上述精神和做法，从而调动和发挥了他们的积极性"。

经过他的一番努力，到 1956 年 1 月，张问松做为中方代表人与 111 家北京私营书店的代表人陈济川签订了公私合营协议书，从而使得中国书店一统北京旧书业。而新街口当年的旧书店不知道是否为这些私营古旧书店的其中一家，关于该店的沿革历史，只能等待资料的进一步发掘了。

曾传首家　旧积最大
中国书店灯市口店

　　灯市口中国书店乃是京城老字号的古籍书店。我第一次走入此店大约是三十年前，这么多年来，该书店的格局几经变化，再加上熟识之人大多已调离，故再走入此店时，颇有一种陌生之感。

　　2017 年 10 月 3 日的北京，街道颇为清净，我开车前往此处。原本马路对面的小停车场已然不见了踪影，只好拐入旁边的小路，停车之后，步行进入店里。在到达之前，我给该店的前经理张晓东先生去了电话，请他跟店里的工作人员打个招呼，以便同意我进去拍照。

　　眼前所见的灯市口书店也同样悬挂着统一的匾额，这几个大字乃是出自郭沫若之手。不知道什么原因，这个店名却是左读，与隔壁著名茶叶店张一元的匾额形成了反差。如今本店的门面房全改成了传统古建的模样，看上去古色古香，然而却不见了熟识的味道。

　　走入店堂之内，先跟门口的收银员打过招呼，而后观览店堂的格局。这与我的记忆完全不能挂起钩来，前些年来此店时，我还记得前堂格局是横式布局，如今改为长长的大通趟，敞亮了很多。此时虽然是十一长假，但偌大的店堂内却看不到一位读者，这让我心

1
—
2

1. 对应的匾额　2. 空无一人

中又忍不住升起淡淡的落寞。

定眼细看两侧的书架，入口处有两架新印线装书，看来属于贵重品——因其陈列在收银台后方。近些年来，新印古籍数量增加较快，很多历史名著都被复制了出来，这当然是好事情，至少说明爱好典籍的人数在增加。然而由于纸张及人工成本的增加，售价也步步高升。如果按这种趋势一路涨下去，爱好古籍的人数有可能会减少。但我的思维方式向来不能与时俱进，也许价格并不会阻挡人们爱好传统典籍的欲望。

店堂里侧则是方形的大厅，如此说来，灯市口中国书店的平面布局应当是甲字型。就我去过的中国书店下属门市部而言，如果以单间面积论，我感觉此店应当是面积较大的一家。中关村店一楼

店堂的格局呈甲字型

和邃雅斋店后厅面积虽然似乎大于灯市口店，但如果说经营旧书面积，就都比不上灯市口门店了。我努力搜索着自己的记忆，印象中在二十多年前，这个方位应当是一个院落，院落的右侧为经理办公室，左侧的一个大房间是该店的库房，库房旁边有两间平房小屋则是专卖古籍之地。当时古籍室内有一个老先生，我已回忆不起他的姓名，但老先生的和蔼语态却给我留下深刻印象。我每次到这里翻书时都看到他坐在一张旧桌子前翻阅一摞摞的线装典籍，而后在一个笔记本上作着记录，无论我买不买书，他在我离去之时都会客气地说声再见。

古籍拍卖兴起之后，前来此处买线装书的人比以往多了许多。我记得某次选出了几部书，而那位老先生却从中挑出了几部，然后告诉我说，近期一位买家从他这里买走了不少古书，这几种也是那位大买主嘱咐要留下的，老先生同时又跟我说，那位先生挑书很特别，即使他留下的书等过一段再来时也会有一半以上不想再要。他说那位先生不想买的时候，这几部书再转让于我。

这样的卖书方式，我当然知道乃是书界的老传统，故老先生将这些书收起，我也不以为忤。一个月后我再来此店时，果真成功将那四部书收入了囊中，而老先生依然记得哪几部书是我欲得者，这说明他对顾客的需求颇为留意。

眼下店堂的顶头位置有一排书架依然陈列着线装书，书架前的玻璃柜里也摆放着一些善本。这里的线装书明码标价，显然不是旧书业的老传统，不过这种标价方式却让爱书人可以直观地感受自己的承受能力，而我于此看到的价格大多超出了自己的心理价位。近

1 古书销售处的整体状况 2. 价签

些年市面上出现的古籍虽然数量并不少，然而就品种而言，却难见到生货。这里上架之书也同样如此，价格高低且不论，一一浏览过去，看不到生疏的书名，也许好书藏在了玻璃柜的下面也未可知。

我在浏览书架的过程中，果真看到了两排书架间有一个空档，由此向内探望，只见一间暗室，隐约可以看到成捆的书堆放其中。这应当是未曾标价上架之书，不知道暗藏着怎样的珍宝。如今在这里找不到熟人，我也不好意思像以前那样，理直气壮地走到里间随便翻阅。俗话说"熟人是一宝"，看来这句话到今天也不过时。

十几年前，张晓东先生调到这里任经理，我对他印象深刻，原

密室

因并非是从这里买到了怎样的善本，更重要者，乃是我留意到他是较早参加古籍拍卖会的中国书店门市部经理。而以往这些门市部的货源主要是靠总店不定期供应的线装书。每当这个小道消息传出，爱书人都会兴奋不已，大家都想透过各种关系提前看到这些生货。而与此同时，各位爱书人又都变得神神秘秘，惟恐别的朋友得到信息后捷足先登。但在大多数情况下，所有的秘密都成不了秘密，因为在新书上架之时，你能看到许多熟识的面孔全都出现了。

古旧书的这种买卖方式重复了许多年。可能是这个原因，中国书店各门市部经理用不着从拍卖会上买书来上架销售，毕竟在拍卖会上捡漏的机会很小，买到的价格也不会便宜。在此种情形下，还能够拍下书上架再销售，无异于虎口拔牙。这不仅仅是破例问题，更多者还需要有超前的眼光。然而有那么几年，在南北两地的拍卖会上，我时常能够看到张晓东与他一位同事的身影。不过那时我把主要精力用在自己欲得之书上面，并未留意张晓东买去了哪些书。如今想来，这是个遗憾，因为他所买的可以部分代表市场的品种热点。除非他是替人代拍，否则如果用于陈列的话，那必然会有较高的销售概率。

因为有这样的印象，我便与张经理渐渐熟识起来。之后他又调到了其他的门市部。以我的观察，他的精力主要还是放在古旧书经营方面，性格上的谦逊使得他在版本方面的鉴赏力提高得飞快，故而想从张经理手中捡漏，几乎是不可能的事。此外他又有着较高的情商，无论收到怎样的书，销售之时都既能给买主讲明白该书的价值所在，同时也会给老顾客一定的优惠。他的这种经营姿态，可谓是"忠孝两全"：既能保证书店的利益，同时也能留住长期的客户。这样的两全方式，不知道算不算旧书业最重要的传统。

到后来，张晓东升任中国书店的副总经理，然而依然兼管着邃雅斋中国书店门市部，而他在该处的办公室则成为了爱书人雅聚之地。几年前，他又兼管中国书店下属的海王村拍卖公司。从当初在拍卖会上买典籍，到如今竟成了拍卖公司的经营者，这样的角色转换，不知道是否跟他从拍卖会上买书有一定的关联度。他在灯市口任经理之时，我没能从他手中买到几部欲得之书，反而在他后来供职的门市部内买到过几部。当我问到他任灯市口店经理时古籍室那位老先生的姓名，他告诉我说："老师傅名字叫康洪波。"

也许是人会本能地美化过往的经历，我总觉得以前买书的氛围更让我怀念。如今我站在这空旷的店堂之内，脑海中却努力搜寻当年的场景，恰好此时从店堂里侧走出一位店员，我马上向他请教当年的那间专卖古籍的大房间处在什么方位。这位店员热情地带我穿入后门，眼前所见是一排仿古建筑，店员告诉我，其中一间就是当年卖古籍之处。但我还是感到这排房屋与我当年所见不同。世道沧桑，仅仅是短短的三十年，这家书店却有了这么大的变化，真不知道若干年后我再来此处时，会看到怎样的情形。

我早就听说过灯市口门市部乃是中国书店的第一家门市，然而却找不到相应的佐证资料。前几年，中国书店的朋友送给我一函两册于华刚先生主编的《壬辰甲子——中国书店六十年纪念文集》，细翻该书，却没有介绍每一家门市部创建的时间，不过在《六十编年》一节中提到了中国书店创立的经过：

后面的小院

　　一九五二年八月，为加强在古籍收集、保护以及整理工作，政务院秘书长齐燕铭、文化部副部长郑振铎、北京市常务副市长张友渔、北京市副市长吴晗等一批人民代表共同倡议，成立国营古旧书店——中国书店，专门管理和经营北京的古旧书业务，吴晗指示北京市商业局具体负责此事的筹备；北京市商业局经过筹备后提交成立国营古旧书店的报告，吴晗在收到报告的当天就做出了相应的批示。

原来中国书店的成立经过了这么多领导的批准，而此店成立的地点及时间，《六十编年》中又写道：

> 十一月四日，中国书店在演乐胡同五十三号正式成立，北京市副市长吴晗、北京大学图书馆馆长向达等参加开业仪式，吴晗市长讲话；中国书店由北京商业局领导，北京市文化教育委员会协助指导中国书店的工作，葛治安任中国书店经理，成立时共有干部职工十三人；中国书店是我国第一家国营古旧书店，专营古旧书业务。

如此说来，中国书店成立于演乐胡同五十三号，不过此处提到的仅仅是书店的成立地点，而并未提到第一家门市部是否也开办在这里。就地理位置来说，灯市口门市部距演乐胡同很近，以我的猜测，两者之间应该有一定的关联，说不定灯市口店就是中国书店的第一家门市部。

谨慎起见，我去电中国书店副总张晓东先生，张先生也说他听老店员们谈起过这样的说法，但他并未求证过具体情形，为此他会找一些老店员了解情形，而后给我答复。

两天之后，张总打电话给我，他说已经问过了知情者，中国书店的第一个门市部就是开在了演乐胡同，而第二个门市部也不是灯市口店。看来原有的传闻的确有误。虽然如此，我仍对灯市口店有着别样的情感在，这不仅是我在这里买到过一些线装书，更多者，它成了我买书生涯的怀旧之地。遗憾的是，这里的店面进行了改造，无法叠合我原有的记忆。世事沧桑，没有不散的宴席，也没有不变的书店，故地重游多少也是煞风景事之一，而我却无法阻止自己这种自找落寞的行为。看来，这只能用天性来解释了。

本文写完之后，我发给张晓东先生，请他确认我的记忆是否有误。张总认真地给我发来如下一段话："门店营业员带您看当年卖古籍的屋子，也不能说是错误，因我担任门店经理时，经理室也会偶尔接待客户。您文章中提及的康师傅所在位置，是以前院子北侧有一个旧书库房，当时库房存放着西文旧书、民国旧书，以及一部分线装古籍。这个库房很大，库房南侧墙壁就是倚墙而建的两间平房，康师傅屋子就在这个位置。后来拆除库房和康师傅两间屋子，再加上以前的院子，就是现在甲字形布局的后厅。以前院子光线不好，因搭建了一个铁皮棚子，遮雨所用。院子南侧一排房子有经理办公室、员工休息室，仿古建筑只是翻新了旧有房屋，这个位置布局与以前一样。"

看来人的记忆有时确实靠不住，更何况我只是偶而去几次，不像他那样在这里工作过一段时间，真想有空时跟张总再好好聊聊，听他再给我多讲讲不为人知的书界故事。

独守书城　潮起潮落

中国书店海淀店

我的藏书虽然主要是线装书，但相识的书友中，藏线装书者并不多，买新书的却有一大把。朋友间都是相互感染，因为和他们的交往，渐渐地我也知道了他们的淘书路线图。

就名气论，西单图书大厦在书友中最有影响力，但不知什么原因，北京的这帮书友都对这座庞然大物兴趣不大，反而喜欢在此楼之后的期刊门市部留连。喜欢古书的朋友大多是前往琉璃厂和报国寺，喜欢新书或者旧平装的朋友，淘书地多集中在中关村这一带。

中关村能够形成爱书人的圣地，重要原因乃是地理上的优势，这一带集中了清华、北大两所名校，文化氛围自然与他处不同。原本这里还有不少的旧书摊，后来逐渐被清理掉了，但却出现了几家在全国都有影响力的独立书店，这些独立书店中以国林风和风入松最具影响力。风入松开办在北大资源楼的地下室，因为其经营店面是方方正正的通场大厅，故一排排书架望过去十分有震撼力。我每次走入此店，都会在入口处看到海德格尔的那句名言："人，诗意的栖居。"这句语录对我有较深的影响力，因为读到这句话后，再走入宽敞的大厅，就会本能地多买不少书，以此来显现自己对"诗

意的栖居"有着何等高的期待和向往。

我初访风入松已经是 1998 年。从吴浩所撰《风入松书店：人，诗意的栖居》一文中了解到，原来这里是风入松的第二个经营场所，而它原本的状况与我眼前所见有着很大的不同。文中写到："风入松书店成立于 1995 年 10 月，或许有很多人不知道它原来只是非常小的一个书店。但是从北大的小南门进进出出的学子一定还有印象。在 10 月，有一家小书店静悄悄地在小南门边上开张了。那是一个非常安静的场所。透过洁净的玻璃可以看见从天花板层层垂下来的书籍。"

当年小巧的风入松书店我未曾看到过，只能透过吴浩文章中的词句来脑补出该店所营造出的氛围。那家 40 平米的小店仅存在了三个月，就迁到了资源楼的下方，而这处大卖场距其原址其实不足 200 米。这个转变决定了风入松的高度，自此之后，它成为爱书人淘书的圣地之一，甚至很多外地的朋友来京找我，也会专门提议带往此处。

关于风入松的经营面积，吴浩在文中称"足足有 860 平方米"，然而对于该店的状况，王余光、徐雁主编的《中国阅读大辞典》中则有另外的说法："风入松书店是 1995 年 10 月由北京大学哲学系教授王炜与章雨芹夫妇会同一批文人学者共同创办的以学术书籍为主的大型文化书店，位于北京大学南门东侧的北大资源西楼，营业面积 1200 平方米。"看来二者在计算方式上有所不同，说不定 1200 平方米的面积也包括了该店的办公用房，但无论是哪一种，在 20 年前，能开这样的图书大卖场，足见经营者的气魄。

与风入松很近的一处淘书区域是海淀图书城，这个图书城由原海淀西大街步行街改建，全长 220 米。按照惯常的路线，书友们在风入松扫荡完，背着战利品，一定会走到海淀图书城。就书店数量来论，此城应该是北京各类书店最集中之地，这条短短的街上虽然也有卖小吃和文具的商店，但其主体特色则是大小不一的书店。这条街区分南北两个入口，如果从南口进入，见到的第一座建筑名叫籍海楼。这座大厦有五层高，里面是图书大卖场的形式，聚集了几十家不同的商店，每家店用玻璃做隔墙，形成一个一个的区域，不过大多数书友对籍海楼都是过其门而不入，因为该楼内商家虽多，但主要是卖特价和盗版书，也有一些音像制品。我在这里转过几次，似乎最火的店铺乃是教辅专营店，其他各家的生意状况都并不算好。

在籍海楼下方有一间中国书店的下属门市部，此店以经营旧书、尤其是旧画册为主，这些书一向不便宜，但来此淘书者却众多。那个时段老照片热刚刚在国内兴起，很多人在此寻找老画册，目的乃是从中寻找老照片的素材和出处。而我第一次看到为线装书写书根的照片，也是在此店。可惜当时未将其买下，多年后为了配图，只好向朋友索要，没想到当年的那张照片后来到了书友王洪刚先生手中，这也算是楚弓楚得吧。这家书店的斜对面也是一家中国书店的下属门市部，那个时段我在意的仅仅是能够从那里买得好书，并却不想搞清楚，中国书店旗下的两家店为何对门而开。当然，对门的这家店在经营品种上与前一家有所不同，一楼主要卖旧平装与跟目录版本学有关的新出版物，登上二楼，穿过平台，走入店堂之内，眼前所见则全是我喜欢的线装书。

20年前的中国书店，每过一段都会给下属门市部分发一些库存，这种日子就是爱书人的节日，我确实在这里淘到过一些可意之本。辛德勇先生也在这里买到过不少的好本子，他能有如此成绩，一者跟他的学养有很大关系，二者他有名师黄永年的指导，第三个原因，则是因为他的工作地点距此处很近。辛老师对于他在海淀图书城淘书的情况，曾经写过一篇名为《卖书人徐元勋》的文章。辛老师在该文中交待了自己来此淘书的便利：

> 我买旧本古籍起步很晚，是1992年调到北京工作以后的事情。当时我住在北大附近，海淀中国书店的古籍业务恰在这时重新开张，徐师傅被经理梁永进从琉璃厂大库请来，负责经营古籍。由于往来近便，那一时期我竟把逛海淀中国书店当作了日常的消遣。也就是在这时，我正式开始试探着买一点古籍，并很快熟悉了徐元勋师傅。

从辛先生的文中可以看到他在这里捡到了哪些便宜，他尤为喜爱的一部乃是1993年他在此店买到的乾嘉间原刻本的《家语疏证》，此书乃是孙志祖的代表作之一。关于该书的难得之处，辛先生有如下简述：

> 《家语疏证》乃是孙志祖辨明审定《孔子家语》为伪书的辨伪名著，其对于《孔子家语》之价值，犹如阎若璩《古文尚书疏证》

> 之于伪古文《尚书》，为研治古代学术史者所必读。而此原刻本流
> 传稀少，并不多见，我曾核对过几家图书馆收藏的所谓原刻本，其
> 实都是后来的翻刻本。

原来这部书可以跟阎若璩的《尚书古文疏证》相提并论，而阎氏那部作品是清代考据学的开山作之一。常见的《家语疏证》主要是翻刻本，辛先生仅花 80 元就能买到原刻本，这是何等令人欣羡。

与这家中国书店同一侧的地下室则开办着海淀图书城内最大的一家书店，即著名的国林风。关于该店的情况，李转良编著的《企业家必读书手册》中称："北京国林风图书有限公司位于北京海淀图书城昊海楼地下一层，营业面积 1300 平方米，集聚了三万种人文社科书籍，是北京市规模最大的全开架式民营精品图书超市。"

就文史书的品质而言，国林风在海淀图书城内可谓首屈一指，因此书友们到这一带来淘书，大多会把国林风定为接头地点。况且，该书店内专门开辟出了喝咖啡的区域。如今书吧遍地，但在 20 年前，国林风的这个作法却是一个创举。国林风虽然是民营书店，服务态度却很好，所以书友们淘书后，围坐在这些咖啡桌旁互相展示所得，很少人会在意店家的感受，因为大家并没有买咖啡，只是拿出矿泉水瓶自斟自饮，却从未见到店员为此显现出不悦之色。

关于国林风的具体情况，王余光、徐雁所编《中国阅读大辞典》中称：

> 国林风书店创办于1997年5月，是一家侧重于人文社科类的

综合性图书经销中心。其主人是欧阳旭及几个年轻人，北京大学中文系毕业后，携手在商海闯荡数年，创办了"国风集团"，经营广告、酒吧、茶馆等。较之万圣书园和风入松书店，"国林风"因得到国风公司的支持，有更强的经济实力，故一开始便以大规模的资本投入在海淀图书城的昊海楼，独家承租了整个地下室。

我对该店的主要印象之一，是这里实行计分制。该店给一些读者发放计分卡，每累计过一定的购书金额就会自动降下折扣。那个时代还没有网络购书，这点折扣还是能够给读书人以惊喜的。不过相比较而言，国林风顶级的折扣也就是 85 折，跟古籍书店的 7 折比起来还是有较大的差距，而新书的经营难度也正在这里。

到了 2006 年，国林风改为了第三极书局，地点迁到了海淀图书城侧旁的一座现代化大厦之内。这座大厦北临四环路，地理位置优越，大厦造型极具现代化，里面的结构也是一层层的扶梯。图书享有如此高规格的待遇，在其他地方极少见到。更为吸引人的是，第三极书局所售之书一律七折，这是我所见过的新书卖场最大的折扣，由此而引发了书店业的价格战。虽然第三极在全国都有着影响力，但它在这里仅经营了三年半的时间就难以为继，而后又迁回了海淀图书城昊海楼旧址，再后来就悄无声息地歇业了。

当然，第三极书局的大起大落仅是书店经营业的一个缩影，因为此后不久，著名的海淀图书城一家一家地停业。到了前几年，这条街干脆改变了性质，跟图书没什么关系了。如此迅速地香消玉殒，已然成为了爱书人心中的痛。至少我每次走入该区时，浮现在眼前的始终是当年鳞次栉比的新旧书店。盛况已经没有了踪迹，我为什么还要来这条街上寻找心理折磨呢？这是因为几年之前，中国书店的海淀门市部通过置换，把门市部设立在了原图书城的北头。现在的店经理薛胜祥先生原先在琉璃厂的古籍书店任经理的时候，我就跟他混得较熟，后来他调到了海淀店后，我也常去找他买书。记得有一次，某个单位要配一批文史书，我就把那个主顾拉到了他的店里，在一楼的新书处买走了一大堆的书，这让薛经理很开心。其实他也常常照顾我，薛经理为人慈厚而有亲和力，他的店面又靠近几所大学，所以总能收到一些难得的线装书。收书之后的第一时间，他就会通知我来观看和挑选。对于买古书而言，这一点至关重要。

2014 年底，因为要写中国书店，我又来到了海淀图书城。此街北口的入口处，仍然残留着海淀图书城的金属字，入口处不远的街心上又立了一个新的门楼式的匾额，名称已改作"中关村创业大街"，昭示着科技绝对能战胜传统。而这个门楼的侧边我看到了一家"家谱传记"书店，楼上立着横匾"家谱传记楼"，里面大声的循环播报着给人写家谱和出书的伟大意义，我不知道这算不算一家文史书店，但至少看到"书店"二字已让我在这寒冬中感受到些许温暖。

去之前，我先给薛经理打过电话，因为这家店也处在十字路口上，过去门前还有几个停车位，后来被取消了，停车就成了大问题。薛经理体贴地告诉我，不要把车开到门口，会有城管贴罚款单。我记着离他们店不远就是轰动一时的第三极书局，这座大楼下

图书城改为了中关村创业大街

面有个停车场，但是薛经理告诉我也不要停在原第三极书店的地下停车场，因为那里贵得很，他建议我停到马路对面新华书店中关村店的楼下，因为那边跟这里虽一路之隔，但停车费差价却有一倍之多。我问他为什么，薛经理说马路两侧分属两个行政区。于是，我听从他的建议，把车停到了马路对面。

中国书店海淀店包括地上三层和地下一层。地下一层主要是卖二手书，地上一层是文史书，二层是画册和艺术书，三层则是古旧书。在门口给薛经理打电话，他到一楼接我上了三楼。两三年没有来过这里，里面的格局有了一些变化，原来的旧书区改为了艺术品、字画和工艺品陈列区，对于这些工艺品和字画，薛经理说是刚刚开发的产品，因为从去年开始，古书的经营状况差了许多，这使得他只能多动脑筋从另外的渠道来弥补经营古书的不足。

三楼的左手拐角处原本就是经营古书的区域，今日还是那个老样子，浏览一过架上的书，大部分是清刻本，薛经理说这些书都是自己收购上来的。如此看来，在经营角度而言，线装书还是能够维持的。问了几种书的价格，似乎比拍卖会的成交价便宜不了多少，薛经理笑着说，现在古书的收购价也越来越贵，因为古籍拍卖已经让越来越多的人所了解，如果给价低，人家就不卖给店里，直接送去拍卖了。

店堂的正中多了几排陈列柜，里面倒有些书值得一看，这里每部书直接标明价签，让人一目了然，我倒是喜欢这种明码实价的做生意方式。其中有一部《净土三部妙典》，从装帧看，应该是晚清民国的印刷品。我对这部经颇感兴趣，究其原因，是其所用的纸张从侧面看过去，有着一层云母粉丝光感。用这种纸来刷经，我是第一次看到。可惜，我的拍照技术表现不出那种丝光感。

还有一个柜台内陈列着一部明铜活字本的《太平御览》零本，标价是3万元。看到这个价格，我有一丝得意。前些年，我在嘉德拍卖会上买到了该版的一整部，有140册之多，成交价大概是70多万元。买完后不久，吴兴文兄跟我说，这部书是台北的旧香居送拍的，在店里的标价仅10万元，没想到被你拍到这么贵。如果早知道你喜欢这部书，我跟店老板很熟，肯定能以很便宜的价格让你买的。那时整部书的价格的确不便宜，可是核到一本的价钱也就几千块。今天看到这么一个零本就卖3万元，当然觉得心里舒服了许多，我不知道这种舒服是不是村上春树所说的小确幸。

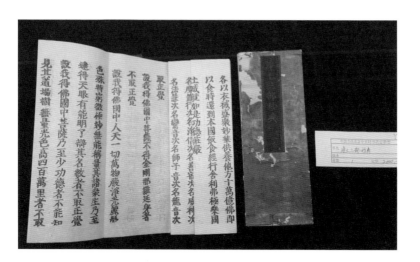

1. 丝光纸刷印的佛经
2. 明铜活字本《太平御览》

另外，我看到一本毛装的红印本。此书的刷印方式较为怪异，有很多地方是大段的墨等。这种红印本的零本近两年时常出现在拍卖会上，有人告诉我，这些书板是被某人得到后刷印出来的一大批，但究竟是否如此，我却得不到确证。

我看到的线装书部分中，较贵的一部书是明万历本的《万姓统谱》，这部书原装4函32册，标价10万元，细想之下，其实并不贵。要不是这部书我的架上已有一部，我一定将其买回。

在古书区还看到了几块木版，木版上没有文字，所刻均为图案。薛经理说，近来木版较为好卖，他已经卖出去多块，我很好奇是什么人在买这些木版？

跟古书相对的区域陈列的是一些旧平装，薛经理说，旧平装近来卖得较火，有很多人都来挑这些书的初版本。我问他旧平装火起来的原因，他说主要是因为古书的价格涨得太高了，让很多爱书人觉得够不着，相对而言，旧平装还是便宜得多，至少让普通人也能够玩下去。我细看了柜台里所标的价签，大多都在几百元，但无意中看到一个价签，却标的是8万元，再看旁边摆着的书，是鲁迅的《域外小说集》。这部书名气倒是很大，故事也很多，但这么一本薄薄小册标8万元，我还是觉得有些贵，更何况它应该是两本一套，而在此仅余第一本。但薛经理不赞同我的观点，他说这部书前几年在拍卖会上拍出了27万，也是仅余第一册。

我知道他说的那个故事，创造此书最高价者是周启晋先生，现场帮他拍下的人则是陆昕老师。薛经理也承认那个高价现在不可能再出现，但这么比较起来，8万元就显得便宜了许多。可是我觉得，

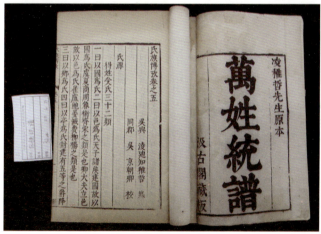

1. 常见的红印本　2. 明刻本《万姓统谱》

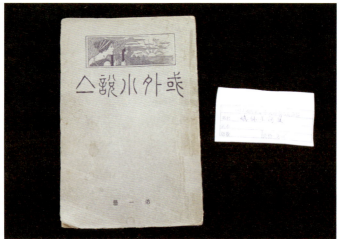

1. 雕板　2.《域外小说集》

花 8 万元买这么一个薄薄的小册子颇为不值，因为用同样的钱都可买一部中等水平的古书了。薛经理虽然也承认我的观点，但他说古书和旧书是两个群体，各自的价格衡量体系不同，所以这两种书的价格高低其实无从比较。

旧平装中，我看到品相较好的有胡适翻译的短篇小说第一集和第二集，价格是 800 元，有刚才有那 8 万元顶着，我突然觉得这 800 块极便宜。薛经理笑着说，这两种书同样不能比较，您觉得这 800 块便宜，看来您对旧书是真的不了解。俗话说隔行如隔山，可我觉得旧书和古书怎么说也算是同行，但两种书的玩法上，却有着截然不同的游戏规则，这之间的关系值得细细探讨。

店堂的字画区域还陈列着一匹金属马，薛经理说这是某个著名艺术家的作品，搞完展览之后就放在了这里。我总觉得这匹马跟周围的环境太不协调，真想把它买下，然后清除出去。薛经理说这可没那么容易，因为这匹马的价值很大，我问他能值多少钱，连问了两遍，他都含糊其辞地说一二百万吧。这么个东西竟然值这么多钱，超出我能理解的范围，如此比较起来，《域外小说集》真是很便宜，我觉得这匹马，才是跟古书业真正冲突的。

通宵旧店　唯此一家
中国书店雁翅楼店

　　我给中国书店的于华钢总经理打了个电话，问他何时方便，我想去拍他们公司的总部大楼，因为那座大楼就是京华印书局的旧址。于总告诉我随时可以去拍，但他这两天不能陪我，因为正忙着雁翅楼分店开业的事情，他说这个分店值得一看，因为里面正在展览中国书店从日本买回来的一些善本。我没有注意到中国书店还有这样一个门市部，于总说刚刚开业几天，开业的日子是在2015年7月20号。

　　有好书可看，当然比什么都有吸引力。当年雁翅楼也是北京一景，或者说是个重要地标。雁翅楼原本是一对建筑，而非单个，1954年为了拓宽马路，其中的一座建筑跟地安门一块儿被拆掉了。孔庆普在其所著《城：我的北京的八十年》一书中写到：

　　　　1951年二季度，我调查城楼等古代建筑时，据建设局道路工程事务所主任阎登有介绍，1949年以前，雁翅楼属于北平市工务局所管设施，这是一对背对背的拐角楼，统称"雁翅楼"。分别坐落在景山后街的丁字路口东北角和西北角。西楼由警察局使用，东楼是工务局工程总队第一、二队住所。民国二十五年秋季，将西楼南北向的西面廊子和东西向北面的廊子，用砖砌墙变成屋，临街面仍有廊子。东楼南北向的西面廊子和东西向北面的廊子，用砖砌墙变成屋，南面的临街面仍有廊子。

以上这段话是民国年间雁翅楼的使用情况，而关于上世纪50

燕翅楼店外观

年代的拆迁批准人，此书中有如下说法："1952年4月中旬，建设局接到市政府通知（附军委后勤部给市政府的公函）。薛秘书长在函件上批注'张副市长阅'，张副市长圈阅并批示'可以拆'。薛秘书长批注'请建设局与军委有关单位联系办理'。"到了1953年，雁翅楼就被拆掉了。那个时候，人们的文物观念还比较强，很多有识之士对此表示强烈反对，于是政府答应把雁翅楼异地重建，准备在天坛北门附近重新修起地安门和雁翅楼，所以在拆迁时，将所有的建筑构件都做了编号，然后把这些原件运到了天坛内。可不巧的是，天坛不久就发生了火灾，那些运过去的构件全部被烧光了，复建也就没有了可能。

好在雁翅楼在原址上还剩余一半，我每次从那个路口过时，都能看到那个旧建筑。可惜到了1999年平安大街扩建，这一半雁翅楼也拆得没有了踪影，之后再路过那一带时，也就渐渐把它淡忘了。这回听于总说，他又在雁翅楼里开起了书店，去的路上，我就一直想象着而今的雁翅楼变成了什么模样。车停在路口的时候，果真看到一长排红色的建筑。从外观看，跟当年的雁翅楼有较大的不同，不过跟四周的环境倒是很相谐。这里仍然跟从前一样，找不到停车之处，想要找到正规的停车场，估计得走出老远，于是我就胆大地把车停在了路边。

雁翅楼的正门口挂着中国书店的招牌，门口的侧旁还有一块儿牌子，介绍地安门雁翅楼的历史，说此楼建于1420年。我回去查了一下，公元1420年是明永乐十八年。然而孔庆普的文章中却说，在拆除雁翅楼时，发现了当年的奠基石："根据奠基石的记载，雁翅楼建于清乾隆四十一年七月。"而乾隆四十一年则为公元 1776 年，这两者之间差了将近 350 年，不清楚哪种说法更接近事实。介绍牌上还说，雁翅楼的作用是皇城后卫哨所，因为路两边各有一排，像是大雁张开的一对翅膀，因此被人起了这么一个形象的名字。而今这折断的翅膀又恢复了一半，不知道什么时候，另一半也能给安上，让它能够展翅翱翔。此牌上写明，该楼复建于 2014 年，看来它刚刚建好就被于总拿了下来，真佩服他这敏感的嗅觉。

我在电话中问过于总何以拿下此店，他说当初想来此开店并不是他的主意，而是西城区文委想把此处复建的建筑变成一个文化地标。当时文委的人认为，实体书店最大的成本就是房租，所以他们决定引进一家书店，免去房租，但相应的条件，就是必须 24 小时营业，以此来创造一个新的文化地标。文委的这个条件当然对很多书店都有诱惑力，当时好几家书店都来洽谈此事，后来文委经过考量，认为还是中国书店最为合适，这不止是因为中国书店是一家有着历史的老店，同时也是因为它所经营的品种最为齐全，因此最终把雁翅楼交给了中国书店。

在中国书店雁翅楼店开业的第五天，也就是 2015 年 7 月 25 日，《北京晚报》刊载了一篇陈梦溪所写之文，此文中提到了该店开业时的状况："中国书店雁翅楼店从 7 月 20 日晚上开业到半夜 12 点几个小时间销售 12000 元，从半夜 12 点到 21 日中午 12 点半天中销售 2000 元，从 21 日中午到 22 日半夜零点半天中销售 13000 元。'比我之前想象的好。'于华刚说，'客流量超出预料。'书店团队还做了调研，平均十几位到二十位顾客才有一个顾客实际购买图书。

'旧书卖得更好。'于华刚告诉记者，书店还会增加更多旧书。不过目前这个营业数字还不足以支撑书店的运营成本。"

看来于总对该店的销售状况比较满意，但是，24 小时书店相应的营业费用是否也会大呢？该报道中，于总直接回答了记者所提出的疑问："'第一个 24 小时书店，我来支。'这是一笔不小的投入，中国书店总经理于华刚对记者说，他对于 24 小时书店的经营疑问没有绕弯子，'我坦言，开 24 小时书店有个稳定的收支平衡点，在达到一定的营业额之前都需要我们去投入。'他预计，最快一年后，最慢要两三年才能达到收支平衡。书店在运营前期的装修布置中，已经投入了上百万，西城区政府为书店提供了免费的空间减去了房租压力，书店开业后每年也会有上百万的人力等成本投入。"

进入新修复的雁翅楼内部，可以看到长长的营业线，里面的建筑格局虽然有着中式的梁柱，但统一涂成了奶白色，没有进行雕梁画栋，这反而更突出了所摆放的书籍。我在一楼浏览一圈，架上基本是文史书。在右侧的端口上，还有专门的文房四宝柜台。雁翅楼的左侧则摆放着一些红木桌椅，上面坐着些读者在翻看书籍。对读者如此体贴，这在书店中不多见，至少我到一些图书城去的时候，翻书翻累了，只能席地而坐。在这一端的顶头位置，悬挂着特有的中国式横幅，上面写着"雁翅楼落成暨中国书店 24 小时店开业"。这样的宣传语，看似简单，然而雁翅楼店作为中国第一家 24 小时营业的古旧书店，无论其经济效益好坏，它的开业都将成为载入中国图书流通史册的事件。

我在四下浏览的时候，遇到了熟识的店员，他告诉我展览在二

1. 一楼的新书　2. 悠闲的读者

楼。看来，我在中国书店已经被认定为只看古书者。沿着窄窄的楼梯上到二楼，首先看到的是修复柜台，一位年轻的工作人员正在裱贴古书，有一位读者站在他面前好奇地观看，并仔细地盘问。这位小伙子很有耐性地拿起纸样，向其讲解。在修复桌的对面，放着一人多高的拉幅广告，上面写着"中国书店海外回归古籍展"。我确实对这几个字很敏感。广告的上半部分是拍摄的艺术书影，其中包括《敬圣斋法帖》。此套完整的法帖是于总从日本买回来的，不过书影之中的梁启超所批《稼轩词》，似乎不是得自海外，因为那部书我也差点拿到手。二楼的几位店员全是熟人，他们看我端详这幅广告，笑着跟我说，原物都在里面，为什么要看广告？雁翅楼的二楼分为了三个开间。第二开间就是古籍展的区域，这些书全部放在

广告拉幅

1. 木匣前即是《敬圣斋法帖》原件，后面摆放的是中国书店的影印本
2. 元刻孤本《类编图经集注衍义本草》

玻璃柜内。中国书店的这些书，我大部分都曾经过眼，而今再顾，仍然觉得倾城，尤其那部元刻本的《类编图经集注衍义本草》，这是一部孤本，并且四十二卷首尾完整，是 2010 年日本入札会中价值最大的一部书，被于总力压群雄拿到了手。

因为灯光的缘故，放在玻璃柜里的展品，无论从哪个角度拍照，都有反光点。工作人员帮我把上面悬着的日光灯调换角度，总算能够拍到一些还算清晰的图片。在拍照过程中，我听到了里间的喧哗声，透着门缝望进去，里面有许多小学生。店员告诉我，里面正在搞古代版刻讲座。有这么多学生对古书感兴趣，这让我大感兴奋。我问店员，自己是否也可以进去看一看，他说当然，于是给我打开了门。

第三开间的面积也不小，里面也有一部分展览的柜台，大约二十多位小学生，有的坐在原地讨论着，还有十几位正在围着一个工作人员练习刷版。这位工作人员很有耐心，指导着学生自己动手，并且将每人刷好的样张送给他们作纪念物。这种做法，我觉得很有意义。随着电子化的普及，能够让新新人类对古籍感兴趣，确实是需要动脑筋的一件事。我看到那些小学生们很有兴趣地在那儿刷版，并且小心地把自己的劳动成果卷起来，这样的珍视，让我看着很舒心。

我突然意识到，中国书店在这里办店，确实很有前瞻性，因为雁翅楼至少在北京人心中，是一个抹不去的地标。其实在历史上，也有一些重要事件跟这座楼有着密切的关联。比如庚子事变时，八国联军打入北京，慈禧就是从这里带着光绪皇帝逃到了西安。1923

年，故宫里的建福宫起了火，据说是太监偷东西太多，放火灭迹。这件事情让溥仪很恼怒，他的英文教师庄士敦建议他清退这些无用的太监。于是在建福宫失火二十多天之后，溥仪将宫里所有太监全部清退。那些出宫的太监，有的回家了，有的自杀了，剩余的就住在了雁翅楼内。后来又用了一年的时间，才把这些太监从雁翅楼清理走。

吴雅山在其所撰《地安门的前世今生》一文中有着颇为详尽的记载："1923 年夏，故宫中的建福宫着起了大火，百年宏伟建筑连同无数奇珍异宝被付之一炬。已然逊位的溥仪，对这场大火的起因心知肚明，立马拘押了几名太监，但终因'查无实据'不了了之。"为什么说溥仪对失火的事件心知肚明呢？这是因为在有一段时间内，他以赏赐二弟溥杰的名义，陆陆续续将宫中的珍宝偷运出紫禁城，他的所为瞒得过外人，却瞒不过宫内的太监，于是他们上行下效，把宫内的许多珍宝偷到宫外去变卖，而这些事情被溥仪发觉了。"话说溥仪对太监们'盗宝'，心如明镜，却也无章可循。于是，他的英文教师庄士敦建议，把宫中珍宝拍照后登记造册，溥仪对此表示赞同。如此，溥仪经常令太监到各宫中取古物来玩赏、拍照，太监们见此不免有些心虚，有时拍摄一些珍宝，太监们竟然取不出来。这些靠'眼力见儿'吃饭的太监们预感到，这可不是好兆头，就不得不用大火来销毁罪证了。"

但太监们的所为也让溥仪一咬牙做出了将他们彻底清退的决定："溥仪知道建福宫大火肯定是人为的，是这些监守自盗者销毁证据、转移视线之举。据消防队员说，他们初到宫中救火时，还曾闻到很大的煤油气味，溥仪听了，更加坚定了自己的判断。就在建福宫大火20天后，溥仪在洋师傅庄士敦的怂恿下，咬着牙根子做出了一个惊人的决定，将宫中太监们从宫中全部清除。此举可称得上是历朝历代都没有过的'处女作'，就连京城百姓们听着都觉得新鲜。"

这么多太监一下子被赶出了紫禁城，大多数人没有着落，溥佳在《晚清宫廷生活见闻》一书中称："若叫这数百名太监流落街头，未免有碍北京的治安。经过商量议定由内务府筹措一笔遣散费，北京有家或有亲朋投宿的，即可携带行李出宫；实在无处投奔的，暂时住在地安门雁翅楼内，待领到遣散费后，再各自回乡。"有的太监跳进筒子河自杀了，也有一些暂住到了雁翅楼内，而当内务府给他们分发了遣散费后，有的太监还不愿意离开。当时一次性裁撤的太监达七百多人，陆续离开后，雁翅楼内还住着三百多位太监，但他们在这里整天生火做饭，军警很担心引起火灾，故陆陆续续将这些太监都赶走了。

发生在雁翅楼里的故事在京城各阶层人士中流传，但恐怕当时谁也没有想到，寄托了那么多悲欢故事的雁翅楼，在其修复之后，竟成了一家24小时的古旧书店。不过这样的转变对于颇能接受新鲜事物的北京人来说，应该用不着惊诧，相信也很快就能在北京爱书圈里传开。随着时间的推移，这里也一定会变成一家名气很大的书店。

此前一年，北京三联书店实行了24小时营业，当时这件事很是轰动，国家领导人都为此做了专门批示。据说刚开业的一段时间，很多人蜂拥而去，后来渐渐地，去的人少了下来，但那个标志性意义却很重要。而今，中国书店也搞起了 24 小时的营业店，这在古旧书行业也是一个首创。至少到目前为止，从古至今，我还从未听说过哪家古旧书店是 24 小时营业的。因此说，无论这个店的营业额有多少，它的标志性意义确实有很大的价值。

两年之后，我从中国文明网上看到了《北京晚报》刊载的记者张鹜所写《中国书店雁翅楼 24 小时书店：为每一位读者坚持》一文，文中写到了记者晚上 9 点多前往中国书店雁翅楼店探访时，与一位名叫洛飏的女营业员进行对话，"洛飏是个 80 后，毕业后就来到中国书店工作，今年已经是第十个年头了，两年前调到刚刚开张的雁翅楼店，目前是一个二人小组的组长：'我们店加上经理一共 13 个人，俩人一组一共六个组，分大小班，我是大班组的，每个班十二个小时。一个白班，一个夜班，两天休息，就这么转。'"

洛飏谈到了这家店工作人员的数量以及上下班的方式，从此篇报道中能看出这家店依然在收旧书："有一次，一位读者拿着同一本书的精装本和平装本犯了难。看到这个情况，洛飏主动解释道：'精装的是全注解全翻译的，有一定收藏价值，但是如果频繁翻阅容易破损，如果您要是放手头看，就买平装的。'不仅如此，经过十年的锻炼，洛飏甚至能够对一些连环画、旧书进行断代：'有本《通志堂集》，说是清代的，但是我一看像翻刻的，就直接告诉读者了，并且请来店里老师傅给把关，碰到喜欢连环画的小朋友，我也能告诉他们哪个版本，谁画的是最好的。'"

雁翅楼店是否能收到旧书，其实并不重要，重要者，是该店有这样的业务，而更为重要的，则是这家 24 小时的古旧书店竟然开办了两年多。我不清楚在中国还有多少家继续坚持着通宵营业的书店，但在这两年多的时间内，除了这家店之外，我从未听说过，还有哪家古旧书店实行通宵营业的方式。真希望这家书店夜晚的灯一直亮下去，以此成为天下爱书人遨游书海中的一个航标。

雄居江南　复用老号
上海图书公司

　　上海图书公司下辖博古斋、上海旧书店、艺苑真赏社以及其他几个门市部，它究竟还有哪些机构，其实我也了解得没那么仔细，我关心的当然是跟旧书有关的，也就是我上列的几个名称。其中我打交道最多的，当然是博古斋，因为上海的旧书大多出自此店。江南的旧书流通中心在上海，而近六十年来，上海的古书主要出自博古斋。

　　余生也晚，没办法跟那些老前辈计较时间问题，他们动辄一说就是解放前，或者说 50 年代上海古籍书店古书如何如何多，如何如何便宜，如何如何捡漏等等，而我只能洗耳恭听，过屠门而大嚼地读着他们力透纸背的得意文字。我在博古斋第一次买书，已经到了上个世纪 80 年代中期，从那时到今天，顶多不超过三十年，这说起来多少有些气馁，但总是件事实。那个时候，博古斋收旧书的地方还在现在福州路楼房的背面，我印象中那间房很小，线装书倒是开架销售，但买到了什么书，却一点儿印象也没有了。之后也陆续买过一些，大批量地买书则要到 1995 年左右，有次花了三万多元买了几十包书，让书店帮着寄回去，这个豪举我已经提过多次，

上图公司匾额

让我再念叨一次自己都觉得太过无聊，那就不说也罢。

　　大概是 1997 年，博古斋跟上海国际拍卖公司联合办起了古籍拍卖，说是联合，其实古籍专场仍然是博古斋自己出拍品，自己负责上拍，近似于借牌子经营。但后来我了解到，博古斋确确实实是在上海国拍占有股份，那是行政机构上的瓜葛，跟我买书没啥关系；有关系者则是自从举办了拍卖，博古斋门店里的善本书就越来越少了。其实，也不是完全没有了机会，我记得十几年前，上海每年举办书市，而博古斋每次参加时都会供应很多线装书。

　　早期的上海书展，我去的几次都是在老的上海展览馆里举办，到了开展当天，很多爱书人都蜂拥到线装书柜台去抢书，能够抢到自己手里的像样之书却很寥寥。印象最深的是上海书展搞得很是庞大，里面确确实实是书的海洋，博古斋每次都会摆上几十个书架的线装书，这些线装书处在巨大的新书海洋之中，显得很是另类。每次见到这种情形，我都会想起一句名言："维纳斯处在野兽之中。"

做任何事情都要讲方法论，想买好书也是如此。我既然力不如人，跟人家在架子上抢不到书，那只好另图他法。其实这种办法很中国，那就是"有困难找领导"，毕竟领导还懂得体察民情，于是对我网开一面，在每届书展开展前一天的下午，会给我找个书展工作人员的胸牌，或者是找里面的工作人员把我带进去。总之，先到为王，我可以在里面挑选出一些自己喜爱之书。我当然明白自己在这里津津乐道这等丑事，有点儿不知廉耻，那真没办法，为了得到心爱之书，只能把脸皮弄得再厚一些。好在得到了那么多好书，多少能抵消自己如此做法带来的不安。每次挑好之书并不能当场取走，都是算好账打好包，等到开展之后，再在某个时刻结账取书。

后来有几年，博古斋自己也举办古旧书市，书市的举办地点就在博古斋的五楼。印象最深的一届是我提前入场挑书之时，赫然看到王德先生也在里面，我俩心照不宣地对望一眼，于是各从一头开始选书。博古斋上架之书很专业，所有线装书基本上是按经史子集的顺序排列下来，我习惯性地从经部挑起，而王德兄却从相反的方向，也就是从集部开始。选着选着我才明白，他就是比我聪明，因为以市场接受度来说，集部之书最受欢迎。后来很多事情证明，王德兄确实比我聪明很多，我也就没有什么可埋怨的了。之后，这种书市又举办过几届，书价一届高于一届，渐渐地书市上的价格已经比拍卖会都要贵很多，即使打折，也买不下去了。于是，在书市上捡点儿便宜的想法也就不再惦记了。又过了几年，博古斋从上海国拍的股份中撤了出来，成立了自己的拍卖公司，似乎有了这个公司之后，自己的古旧书市也不再举办，拍卖会几乎成了唯一从博古斋得到线装书的渠道。这个事实即使无奈也要接受，我只好跟着大家走入拍场，去参加搏傻游戏了。

朱旗先生后来担任上海图书公司的总经理，对古书出库的把关越来越严，再加上他在经营方面有自己独到的办法，这使得古书的销售在整个公司的营业额中所占的比例越来越低，同时对外卖出古书的想法也随之减淡。站在他的角度上讲，他做的当然称得上伟光正，在其位谋其政，这也是各为其主的事情，但对于爱书人来说，却不是个好消息。但朱总毕竟是绝顶聪明之人，他当然知道爱书人的买书情结是只可鼓不可泄，这就与载舟覆舟同理，市场当然还要给予培育。因此，现在的博古斋拍卖总能看到从库中拿出的新鲜货，于是这些小鲜肉成了爱书人紧紧盯着的抢手货。

每次朱总跟我聊到古籍市场之事，我都会揶揄他："库里有的是好东西，不要故意地守着金山说自己如何如何的困难。"他总说："其实没有多少库存了。"我对他的这种说法历来表示怀疑，因为历史的原因，上图公司的古籍库存成了中国南方老大，如果像他所说的那样，库存没多少了，那可真是"赤也为之小，孰能为之大"。于是，我提出想到他库里去看一看，以证他所言不虚。但朱总每次都顾左右而言他，有时说库里在搬家，有时说书都打了包无法看，

正在整理之书

总之，理由多多。这几年，我想写一本关于古籍书店之旅的小书，于是斗胆又向他提出了这个不情之请。我说不情之请，并非是客气话，虽然我看过不少国内图书馆的善本书库，但那些书毕竟不能参与社会流通，看到之后，除了满足好奇，其实对整个古旧书市场没有太大影响。但上图公司的仓库则不同，他们的库存决定了市场上货源是否充足的问题，这就如同大河没水小河干，上图公司的库存才是图书行业供应线装书的主渠道。以朱总的精明，他不让我看库存，一定是担心我探得了底数。我即使知道他的这种心理，但还要提出要求，是想让自己不留遗憾：毕竟我说过了，你不同意，我也徒唤奈何了。但我得到了意外的结果，他竟然同意了。这个消息确实让我大为高兴。

跟其他的旧书店一样，上海图书公司的库存也分两部分，一部分是善本库，另一部分是普通线装大库。这两部分我当然都想看，善本库就处在公司总部的大楼之内，朱总安排我在一个房间内看书。这个房间我印象中也曾经是善本库房，而今变成了整书之室，里面有一半的面积都堆满了线装书。朱总安排赵亮先生陪我看书，赵兄告诉我，现在堆在这里的书正在整理编目。我在这堆书中看到了《频伽藏》。此书虽然是排印本，然而在市面上却从未见到整部者。我在书堆上随手翻看，确实有一些难得之本，赵兄笑着说："你还是看善本吧，看过了善本，你就知道那些书不值得一翻了。"

赵兄跟两位库管人员一起用小推车拉出来二十余部库存的珍本，我看到的第一部是宋拓《汉嵩山太室石阙铭》，前面有多位名家题签，书名页则出自吴让之。因为难得，此拓本后面还有吴昌硕

《频伽藏》

和王震所绘的《得碑图》。这个《得碑图》绘制得颇有文人画气息，朱总把它制作成了印刷品，以此来作为公司的小礼品，我也曾有幸得到一份，而今目睹原物，还是觉得无论现在的复制技术如何高明，仍然难以把原画内在的精神表现出来。

宋版《锦绣万花谷》是前几年很热的一个话题，因为过云楼上拍的那批书中有这样一部，这部书被外行的媒体称为"中国最大的一部宋版书"。那部宋版当然极有价值，而今日在上图公司却看到了另外一个系统的宋版《锦绣万花谷》，虽然仅存目录，但我感到却跟过云楼旧藏的那一部字体上有些差别。

宋版《监本纂图重言重意互注礼记》是上图公司近二十年买进的一部重要宋版，一函十册，为傅增湘旧藏。该书最初出现在嘉德拍场中，标价过高，致使流拍，后来被上图公司私下买去。前几

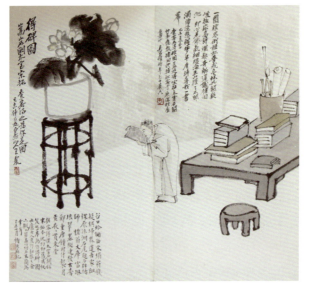

宋版《锦绣万花谷》续集

年，上图公司将该书影印出版，我为这个出版还帮了一点小忙，故
而也得到一部该书的影印出版物。想想当年博古斋拿到的价钱，如
果将其再次拿出供应市场，价钱肯定高过他当时买进价的二十倍。

嘉靖刻本《国语》为天禄琳琅旧藏。天禄琳琅所藏之本虽然在
市面上时而得见，但整部者却很难得。该书曾出现在拍卖会上，也
是上图公司将其拍得。今日想来，博古斋的策略似乎是卖出普通
书，买入精本，这种方式称得上是华丽转身。

明崇祯小宛堂刻《玉台新咏》本就是明刻本中的名品，博古斋
藏的这一册更有其特殊的妙处，因为书中有叶德辉的题跋。其实这

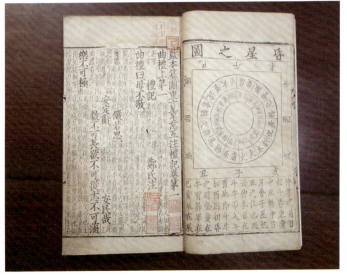

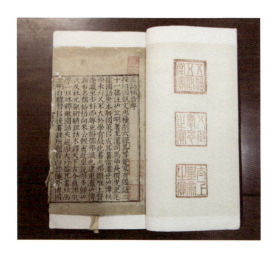

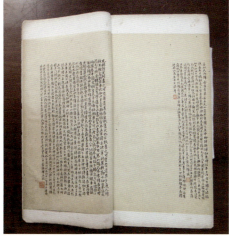

1. 天禄琳琅旧藏《国语》
2. 明小宛堂刻本《玉台新咏》
3. 《玉台新咏》叶德辉跋语

册书我差点儿到手，因为一念之差擦身而过。此书本为博古斋架上的售卖品，多年前标价十八万元，在当时确实是个高价，我犹豫几番，还是心疼钱。然而，自从得见此书，我日日思念，终于忍不住决定十八万元也要将其拿下的时候，公司的人却告诉我，该书已经申报了国家珍贵古籍名录，前一段刚刚批下来，这部书已经变成了公司的非卖品。

　　毛扆批校的《四书集注》也是业界津津乐道的一部好书，其中流传的故事颇有戏剧性，最终被上图公司拿下，今日想来这真是一个英明的决断。二十余年来，毛扆批校之书出现在市面者仅两部，一部为胡先生所得，而另一部则是我眼前所见者，而我一部也没有。今日看到此书，垂涎之感难以名状。

1 | 2

1. 毛扆批校本《四书集注》　2. 《四书集注》卷首

西魏写本《十地论义记》

《十地论义记》乃是上图公司最古的一件藏品，卷尾有"大统十三年"的落款儿，大统乃西魏文帝的年号，距今已近一千五百年，这样高古之物确实稀罕难得。

看罢善本，赵亮先生与两位库管带我前往北郊去参观普通线装书库。路上赵兄向我简明扼要地介绍了上图公司仓库变迁的情况，其中聊到了博古斋的老前辈韩世保先生。赵兄告诉我，韩世保之所以出名，重要原因是黄裳先生的文章中提到过他，并且韩老先生跟郑振铎也通过信，因为这些人的提及，使得韩世保广为人知。如此想来，我觉得自己所做的记录也同样有着价值，很多历史痕迹都是在不经意中被记录下来，使得这件事、这个人被后世所铭记。

上图公司的仓库处在上海北郊一个独立的院落内，从门口挂

1. 线装书库大门就在这里　2. 书库内景之一　3. 书库内景之二

着的牌子可以知道，上海辞书出版社也共用这个仓库。我在院中看到了一只母狗带着几只小狗，那几只小狗拼命挤着吃奶，那天的阳光很好，这些狗得以在自由的空气中慵懒地负暄，这种惬意，让我看着大为羡慕。仓库一楼是新书专运区。乘坐巨大的货梯来到了楼上，经过几道程序，打开仓库的大门，进入那书库的一瞬间，我不由地发出了一句感慨：这真是自由的书海！

线装书库在这里总计两层，以我的感觉，每层的面积都在上千平米以上，里面用高大的书架堆满了层层叠叠的线装书，大部分都是用牛皮纸包裹起来的，但也有一些已经拆包上架。在入口的位置还有几个工作台，赵亮先生说，这就是他们整库的工作场地。

我在这里看到了许多原箱的旧书，我对这些旧箱特别喜爱，因为它有着自然的古朴。从上架的这些书来看，大部分都没有函套，这是南方书的一种特点，因为天气潮湿，函套里面的浆糊容易生虫，北方则没有这些麻烦。这里的书虽然没有函套，但每一部书都夹着签条，上面列明该书的一些重要信息，可见整理者之认真。虽然我有心理预期，但仍然没有想到会有这么大的库存量，这种阵势让我极其兴奋，同时，让我也明白了朱总说他们库存已经不多了，只是曾经沧海后的一句话。老子说："有无相生，难易相成，长短相形，高下相倾。"一切都是相比较而言。这里的书跟国图和上图比确实是不多，但那些大馆之书不可能让任何爱书人得以染指，只有这里的书才有可能飞入寻常百姓家，只有这里的书才是自由的。我穿行在这自由的书海之中，真有了郑振铎说的那种感觉，像夺去了敌人的一座城池——虽然这些书并不归我所有。

关于上海图书公司的构成，张来庆主编的《黄浦区续志》中称：

> 该公司原直属于上海市新闻出版局，为编印发三位一体的综合性文化企业，以坐落在福州路上的图书城、上海古籍书店、上海博古斋、上海旧书店为中心，在全市有20余个销售地点，经营各类图书、文化用品、音像读物、文房四宝，收集线装古籍、碑帖、字画及各个时期的旧书刊等。

到了1999年，上海成立了全国第一家出版集团——上海世纪出版集团，博古斋也成为了该集团的下属单位之一。对于上图公司的几处经营网点，该《续志》中又有如下简述："图书城，曾是上海旧书店原址（1995年前称上海书店）。1994年公司投资815万元进行修建改造，扩大营业面积，完善新书发行体系。1995年开业。"

然而，以上的这些简述却未曾提及上海古籍书店的来由。1956年时，上海一些著名的旧书店都合并进了古籍书店，这些合并之店有不少值得称道者，比如名气较大的来青阁。来青阁主人名叫杨寿祺，原本在苏州开办旧书店，1913年底他在福州路青莲阁的楼下租了一处门面，开办起了上海来青阁，这个地方，就是今日艺苑真赏社隔壁的外文书店。而正是在这一年，金颂清和罗振常合股创办了食旧廛书店。此后不久，原本开办六艺书局的陈立炎也开始涉足旧书经营，但他们不久就共同卷入了天一阁失窃案。

关于这件失窃案的情形，历史资料多有记载，我引用俞子林在

《书林岁月》中的表述如下：

> 1931年3月间，有冯姓父子两人至来青阁，自称是宁波开店同业，携来书籍一批，要他们到旅馆看书议价。寿祺跟随而去，只见都是明嘉靖白皮纸印本，约一百二十本，以一百二十元成交。两天后又成交一批，约二百元。由于店中存款无多，急寄快信要祖父筹款来沪。祖父向表侄处借来一千四百元（约合银一千两），又陆续向冯购得数批，前后合共二千二百余元。当最后一次寿祺应约去旅馆时，陈立炎突然进来，对冯说：你为什么不卖给我，是不是杀了你的价钱？寿祺此时才知冯某最初是卖给陈的，便退出让陈继续谈价。后来知道陈立炎共购进约八百余元。冯又将书售与柳蓉春，约六七百元。柳在苏州设有书店，此时常来上海，后来沪设博古斋书店。来青阁向冯购书约一千五百册，以五千元售与食旧廛金颂清，金颂清售于乌程密韵楼蒋氏。陈立炎所得书也售与金颂清。

这件事过了没多久，就被目录版本学家缪荃孙听到了，他怀疑这批书是天一阁旧藏，便前往食旧廛要求看书，但金颂清不承认经营过天一阁失窃之物，此事令缪荃孙大感不快，于是写信给天一阁。天一阁后人马上查阅了库房，果真发现失窃之事，范氏后人用了巧妙的办法，终于抓住了偷书者。而后此人供出了销赃之处，涉案的书店有六艺书局、来青阁和食旧廛。这件事对三家影响都很大，此后各家陆续歇业，又经过新的排列组合，成为了另外一家书店。俞子林在《书林岁月》中称：

此时陈立炎已将六艺书局结束，在广西路小花园开设古书流通处；罗振常设蟬隐庐于汉口路；柳蓉春设博古斋于蟬隐庐之东邻。又几年，金颂清将古书流通处买下，在西藏路大庆里设立中国书店，聘陈乃乾为经理，郭石麒为助理。中国书店在经营上有特色，重视内容实用有价值的普通版本，又创立明码标价，各书店群起仿效。

经过一些年的经营，到了1956年，来青阁也并入了上海古籍书店，而杨寿祺在该店内任顾问，负责版本鉴定，为此写了一系列的相关文章。1971年，他病逝于常熟。

上海图书公司下属的另一个重要品牌则是艺苑真赏社，此店也同样是公私合营时并入者。关于该社的情况，姚一鸣在《中国旧书局》中也有论述：

> 艺苑真赏社创办于清光绪三十年（1904），创办人为秦文锦。先设地址在汉口路277号，1938年7月又在福州路294号开设分店。艺苑真赏社是一家专事销售和出版金石字画、碑帖、印谱、拓片的书店，在旧时上海书林享有不小的知名度。

秦文锦据说是北宋著名词人秦观的第三十二代孙，他的祖父还是著名篆刻家秦祖永。秦文锦曾前往日本考察先进技术，回国后开始搞珂罗版印刷，不多年艺苑真赏社就成为了珂罗版影印行业中最著名的品牌。该社所出版的画册，我拥有多种，然其所印最有名的

《燕寝怡情图册》和《张黑女墓志》我却未能买到。大概十年前，博古斋上拍了前者的原稿。翻看那本美丽的图册，真的令我心旷神怡。

关于《张黑女墓志》，其原拓本乃是秦家的镇库之物，关于该墓志的价值及在"文革"中的遭遇，杨忠明在其所著《上海什锦》中有如下描述："吾友，艺苑真赏社秦家后人秦炜立先生说：上海艺苑真赏社一件最珍贵的藏品清何绍基藏剪裱的孤本'张黑女'，原名《南阳太守张玄墓志》，此碑石早已毁失，'张黑女'拓本字体结体稳健而带秀丽，古朴而雄浑，行笔柔中带刚，是北魏碑中精品。何绍基评之曰：'化篆分入楷，遂尔无种不妙，无妙不臻，然遒厚精古，未有可比肩者。'解放后，上海博物馆曾想以三万元人民币向秦家收购'张黑女'，秦家当然拒绝。'文革'时秦家被抄家，秦家熬不过这一关，只能'坦白交代'，红卫兵从挂在墙上的毛主席像镜框后面的衬纸里面找到了被拆分成一页一页的孤本'张黑女'碑帖。听说，粉碎'四人帮'后，此件国宝级的文物已经归还秦家了……"

几年前，听上海的朋友告诉我，这件宝物仍然在秦家后人手中，有些大力者已经开出了不菲的价格，但秦家仍无出让之意，真希望自己有幸能够亲睹这件尤物。

艺苑真赏社再次开业，地点乃是上海古籍书店的三楼，然而其牌匾却挂在一楼的门楣上。此店开业之前朱旗总经理跟我说，他们库内有秦祖永所撰《桐阴论画》的版片，经过商议，公司决定将此版片重新刷印，而后作为礼物送给开业时的重要嘉宾。这个创意当然好，但他们找过两家刷版之处，都发现了问题，一者，这套版片乃是套印本，而有些套版已经损失；二者这套版片早已残缺，早年刷印时，曾经补配了几块锌版，然而这种版片手工刷印着墨不易，刷出的纸页总是黑塌塌的一片。朱总问我可否找到能够刷印这种版片的技师，在我的牵线下，最后终于刷出了满意的效果，这也算是我为艺苑真赏社所做的小小贡献。

到如今，艺苑真赏社的主要经营品种乃是字画和碑帖，已然成为了这个行业重要的品牌。由这些也可看出，如今的上海图书公司乃是汇集了沪上旧书业多家名店，由此形成了自己独特的品牌，再加上当今的管理者努力经营，使得很多老品牌拂去灰尘，再现光彩。

老牌新用　书界之精

上海博古斋

　　我跟博古斋打交道的时间也算得上长久，第一次去那里买古书，已经记不清是哪年的事情，但我清晰地记得自己兜里装着的购书巨款是两千元，那是自己一整年的劳动成果。当时从一张报纸上得知博古斋卖古旧书，于是就兴冲冲坐火车赶去上海。那时的火车很慢，大约要坐十六七个小时，自己买不到卧铺票，只能坐在座位上，但即使是坐，也仅坐了几个小时而已，因为遇到了一位妇女带着两个孩子，她没有座位，抱着一个还领着一个，那样的艰难，让我不忍心再安稳地坐下去。

　　火车凌晨到达上海站，坐公交车到达福州路时，天还没有完全亮起来，站在路边四处张望，完全无法跟自己在书中看到的四马路印象进行重叠。那个书市就在书店后面的几间小平房内举行，与北京海王村书市的那种大场地形成了很大的反差。架子上的书是否跟平常有更大的区别，我也不知道，因为我并不清楚平时这里是什么样子。买线装书的人似乎不到北京书市的十分之一，为什么两者都很出名，但在规模上却有这么大的差异，这件事在多年后，我才想明白。

价值昂贵的《四库珍本丛刊》

那时，我在架子前慢慢选书，心里算计着兜里的那点儿钱能买下多少书来。总之，几个小时就几乎花掉了兜里所有的钱，然后把书打成两包背在身上，不知去哪里转，只好坐公交车又回到火车站，买了当晚返回的车票。因为距开车还有六七个小时，于是我在地上铺开报纸，拆开买来的线装书，在那里慢慢地翻看，那种满足感真是难以用语言形容。那个时候似乎没有人对线装书感兴趣，我在那儿翻了几个小时的书，居然没有一个人来围观，这种明珠投暗之感让我引以为恨。

后来博古斋线装区搬到了三楼，我兜里的钞票也略多了几张，有一次去，可能是正赶上博古斋刚刚把古书区搬到这里，上架的书特别多，翻看一过，很多都是自己所未备者，这让我兴奋不已，把书一部部搬下来在那里翻看。有个店员看我把她排得整齐的书都随意地翻动了一过，很不满，不耐烦地问我，翻来翻去到底想不想买？我跟她讲，你不让我翻看，我怎么知道买哪些书。她说你翻看了半天，把书都堆在地上，也没见你想要哪一部。我一赌气告诉她，地上的这些都要了，架子上这些也都要了。这让她愣在了那里。我跟她讲，不用挑了，全部打包，结账。她觉得可能是遇到了流氓，于是找来经理。经理果真比她见多识广，和蔼地问我想找什么书，我仍然告诉他要把这些书都买下。经理顿了顿说，你这种买法，店里的经营就不好办了，这样吧，我把您挑出来的这些书都结账，给你按八五折结算，架子上的书这次就先别买了。我觉得这几句话听上去倒挺舒坦，于是就听从了他的建议。到前台结账时，信用卡的权限竟然不够了，这也让经理疑惑地看着我，真以为我不是流氓就是神经病。我不知道那个时候有没有吃霸王餐这种说法，总之我从那几位店员的眼神中看出，他们觉得遇到了一位来砸场子的人。我当然不能这么丢人下去，有困难找朋友，巧的是宁波的一个朋友正在上海，他马上来到店里帮我付了款。为了表现我的大度，我说这些书不清点了，写个地址，你们直接给我寄回去。

多年之后的 1998 年，我再次来到博古斋时，看到三楼店堂里摆着一堆摄影器材正在给古书拍照。这时古籍书店的经理似乎是朱老师，他告诉我，博古斋跟上海国际拍卖公司合作，要搞古籍拍卖了，他们这是在准备拍品。我翻看那些拍品，感觉上拍的书果真比在架子上看到的质量要高许多，其中还有一部原装旧箱的《四部丛刊》。《四部丛刊》零种虽然很常见，但整部的却并不容易找到，而更难得的是，眼前这一部还有原箱。我问朱经理价格，他说 15 万。我跟他表示自己想买下来，他跟我解释，此书已上拍，希望我到拍卖会上去买。我觉得这句话就是一种推辞，但朱经理说，如果我在拍卖会上举牌，肯定将书归我，而价格则可以做一个事先的约定。后来阴错阳差，这套书我没有买，为此还引起了误会，朱经理跟博古斋的一些人都认为我说话不算数，其实我是有苦难言。好在多年后，他们了解了真相，对我的误会也就随之消除。但误会期间，我错失了多少好书，损失简直无法估量。

近两年，上海图书公司将其下属的博古斋又进行了业务上的调整，大的举措之一，就是恢复了晚清民国间著名的艺苑真赏社这个老字号。恢复后的艺苑真赏社就处在博古斋原来卖旧书的三楼那个区域，古旧书区域则搬到了马路对面的四楼。这个四楼本来是上海旧书店的地盘，那些年来上海拍卖，每次都来这个地方转一圈，因为这里面有十几家私人经营的旧书店，买书过程真可谓其乐融融。但相应的，里头也有些杂乱。博古斋的古旧书搬到四楼之后，占了店堂一大半面积，现在仅余三家旧书店仍坚持在此处经营。

2014 年 12 月的某天，我又一次来到了上海。一大早我便前往博古斋旧书店拍照，因为是刚开门的缘故，里面仅两位店员在擦拭

按照四部分类法摆放的线装书

书橱，没有一位读者，这给我的拍照工作带来很多便利。从营业面积来讲，古旧书区域搬到此处后，比在原来的店堂里面积大了几倍。进门靠墙的一面是收银员的柜台，柜台旁边摆着一部《四库珍本丛刊》，这当然也是名书，我不知道店里头现在的售价，但不断听到朋友说，博古斋搬到此处之后，古书的价格调得很高，但一些大套书依然能够卖出去。对于古旧书行业的经营之道，我当然是外行，但一直不能理解，有些人为什么不到拍卖会去捡便宜。

　　店堂靠墙的另一侧摆着一排书架，书架的楣端用"经史子集"标明古书的分类。我对这一橱橱书进行拍照时，发现玻璃有反光，于是请店员打开书橱，将书取出来放在柜台上，但玻璃柜台仍然反光，又请店员找来一块红布衬垫在下面。其中一部我感兴趣的书，是王鸣盛《尚书后案》的乾隆原刻本，这部书的标价是15000元，平心而论这个价格确实不贵，也是我当天在博古斋看到的书里感觉到价格最平的一部。在拍照时，无意间翻到了贴在书后封底的价签，上面标明着该部书八册10元。这个10元跟15000元比起来反差有点大，于是向工作人员请教，10元的价签是何时贴上去的，因为古旧书店每个时代所用的价签从颜色到大小到字体都有区别，老店员一眼就能知道是哪个时代的产物。店员告诉我这是上世纪80

《尚书后案》

1. 《日知录》的第一牌记　2. 《日知录》的第二牌记

年代的价格。那个时期，我已经开始在博古斋买书，可惜那时没有好的眼光，只会买刊刻精雅之本。

我在架上取下一部《日知录》，系乾隆刻本。有意思的是，该书有两个牌记，一前一后，前面的牌记刻着"乾隆癸丑重镌"，刊刻者却刻着"本衙藏版"，第二张牌记的落款没有年代，后面刻着的却是"遂初堂藏板"，两张牌记说明了书板的流传过程。而另一个有意思的小细节却是，虽然二者都说是藏版（板），但却分别用了"版"和"板"字，由此可知古人对这两个字的使用很随意，不知道算不算通假。

博古斋店堂的中间位置还摆放着一些小柜台，里面也都陈列着

《周易正义》

一些线装书。按照店堂陈列的一般原则，这种单独摆出的柜台，里面往往都是店里的重要商品。然而，在这里似乎有些不合规律，因为我没觉出来摆在这些单独柜台里的线装书，比摆在架子上的更加珍贵。我取出一部自己感兴趣的书，乃是傅增湘在民国年间花巨资买来又在日本影印的《周易正义》。此书虽然只是个民国的影印本，但因为影印数量稀少，故而一直不多见。该书在柜台里的标价是15000元，其实这个价钱跟民国时相比，并未贵到哪里去。该书也同样贴着80年代的旧书签，当时的售价是13元。

我在拍照过程中，店里面进来了第一位读者。此人看上去60岁上下，进门就问我有没有《四部丛刊》本的《史记》。我在史部的架子上张望了一番，抱歉地告诉他没有。这人对我的眼光很是不信任，说我只看了一眼就说没有。我不知道怎么向他解释，只好跟他说，我不是店员，等一下我请店员帮你找。他闻言更加惊诧起来："你不是店员，怎么随便拿钥匙打开柜台翻看？"这句话还真的让我不好回答，好在这个时候店员走了过来。此人马上跟店员报告："这个人打开了你们的柜台。"店员笑着跟他说，我是他们公司的人。这人闻言更加诧异，说他问过我，我说不是这家公司的。他的这个问话，倒让我想看看店员怎么回答。这位店员告诉他，我是版本专家。

店员的这个说法，让这位读者大感兴趣，他说从来还没有听到过搞版本还有专家。打那之后，他就围在我身边不停地一路问下去，我走到任何角落他都会跟过来。刚开始我想尽量避免跟他闲聊，因为自己的心思还在寻找有意思的拍摄物上，但这位读者的全部心思都在想搞清楚为什么同治年间刻的《史记》要比《四部丛刊》本的《史记》贵很多倍，因为他刚才向店员打听有没有《四部丛刊》本时，店员告诉他店里现在没货，请他回头来取即可，他问过价格，大约一万元，而店员给他找来了一部官书局刻的《史记》，标价却是七万元。这位读者认为《四部丛刊》本的《史记》要比官书局刻的《史记》价值高很多，不明白为何在价格上却倒了过来。我只好停下手中的活儿，耐心地跟他讲解读书与藏书的关系，告诉他如果只是为了内容上的使用，不如去买中华书局出的点校本，质量又好使用又方便，价格更便宜。我觉得自己已经说得很清楚，但这位读者仍然一层层地追问下去，一直问到我耐不住性子为止。

近二十年各地古籍书店逐渐萎缩，我没有仔细统计以前很多大城市都有的古籍或古旧书店到今天还有多少留存。这些年来，不断听到古籍书店倒闭或者转向经营的消息，但无论怎样，北京的中国书店和南方的博古斋一直是这个行业的旗帜。因为历史原因，从晚清民国起，中国的古旧书格局就形成了南北两个大的区域。公私合营之后，北方最大的古籍书店是中国书店，南方最大则是博古斋。六十年过去了，这个格局也没有转变。近些年，博古斋一直寻求新的发展点，大的举措之一是终止了跟上海国际拍卖公司的合作，成立了自己的拍卖行。此举乃是跟中国书店看齐，因为在国内的古籍书店中，以前只有中国书店一家成立了自己的拍卖公司——海王村拍卖有限公司。而上海的博古斋收回合作拍卖权后，成为了中国第二家拥有自己的古籍拍卖公司的古籍书店。在那之后，博古斋便迁入这个新址，形象与以往相比大为改观。虽然在售价上难以达到藏书人的心理预期，但从经营角度上讲，自有他的道理所在。毕竟古书的货源不像字画，古书的有限性决定了经营者必须有惜售心理。博古斋要想捍卫自己在南方行业内的龙头老大，总不能把库中的线装书都卖光了，变成一个空架子。我觉得这可以算是一种公允的换位思考。

如果追根溯源的话，博古斋也是家百年老字号。关于它的创始人，姚一鸣所撰《中国旧书局》一书中有一篇"博古斋书肆"，该文首先称：

博古斋书肆原来开设在苏州，后于1917年在上海汉口路惠福里弄口设分店，是一家专营古旧书的书店，同时也影印一些古籍丛书，在上海书业的古籍影印中小有名气。博古斋书肆是上海书林早期南派所开的书局之一，店址紧邻福州路，持续开店时间也不长，但却有一定的影响。

看来博古斋创牌于苏州，1917 年到上海开了分店。而我修改此文时，已经是 2018 年。该店创始人的情况，姚一鸣在文中又说到：

> 博古斋书肆的主人柳蓉春，号蓉邨，苏州洞庭东山人。原在苏州护龙街567号间邱坊巷口开设博古斋书坊。柳蓉春有一个绰号叫"柳树精"，大概与他长得瘦长有关，又正好姓柳，做生意不苟且有关，才有了这样略近贬义的绰号。但在丛事古旧书生意上，柳蓉春却绝不含糊，博古斋书肆柳蓉春最大和最得意的一笔生意，即是把书售于刘承幹的嘉业堂藏书楼。

"柳树精"在业界赫赫有名，至今都是爱书人话不离口的人物。为何给他起了这样的绰号，业界有不同的说法，但无论哪种说法，都会把柳蓉春视为精明的商人。而他的厉害之处，则是赚了对方的钱，还能落得好名气。浙江南浔的嘉业堂主人刘承幹乃是民国初年旧书界的大买家，柳蓉春曾将很多书卖给嘉业堂。谈到他们之间的交易时，刘承幹在日记里有如下褒奖之语："蓉村在敝处交易有年，其人诚实可靠，决不有所游移……蓉村谨慎，非长美可比也。"不仅如此，柳蓉春有一度还大量印行古代丛书，其中有《士礼居丛书》，为此他特意请刘承幹写了篇重印序。在此序中，刘承幹依然对柳蓉春夸赞有加："蓉村抗心希古，前后所印《百川学海》《墨海金壶》《借月山房汇抄》《守山阁》《拜经楼》诸丛书，余皆为序而行之，今又模印此本，问序于余。"

关于柳蓉春翻印古籍所采用的印刷方式，曹之在《中国古籍版本学》中称："除了传统的制作方式之外，多数出版家都采用了石印、影印、铅印等现代化的制作方式。采用影印的出版家有商务印书馆、中华书局、上海古书流通处、上海大东书局、上海博古斋、上海贝叶山房、上海千顷堂书局、武进陶氏、上海石竹山房、上虞罗氏等四五十家。其中商务印书馆、上海博古斋、上海古书流通处比较著名。"那个时代，柳蓉春已经懂得用现代复制手段来翻影古籍，可见其对新生事物接受得很快。

然而不知什么原因，张元济却对柳蓉春几乎没有一句好话，这件事多载于《张元济傅增湘论书尺牍》中，比如1916年6月28日，张元济在傅增湘的信中写到："柳蓉村开书店未之一闻。容探明再告。"看来是傅增湘听说柳要到上海开分店的消息，于是通过张元济打问，而张元济并不了解此况。转年，博古斋上海分店就开张了。

此后，两位大佬在通信中也多次提到柳蓉春之事。比如1918年12月25日，张元济给傅增湘的回信中提到："柳蓉村之书顷往催问，知各书尚未寄出。据云尚有《困学纪闻》，已令速寄。《大戴礼》绝佳，如购成，务祈假我一影。"当时傅增湘从柳蓉春那里买了几部书，请张元济去代看，张看到后认为其中的《大戴礼记》最为难得，希望傅增湘买得之后，能够放在商务印书馆影印出版。但此后的事情并没有像他想的那么容易。十天之后，也就是1919年1月4日，他在给傅的信中大骂柳蓉春："柳蓉村可恶已极。仅见寄《方言》《困学纪闻》两种与尊处。问《大戴礼》，则云已售去。问某某，则云尚未修好。其实皆系一种鬼蜮伎俩人。已令将《方言》两种径寄去。书估面目，骄人至此。吾辈不可不有以惩之也。"

看来，柳蓉春确实把张元济气得够呛。在人们的心目中，张元济乃是一位恂恂长者，一向对人温良恭俭让，即便有情绪也大多是压抑于心，比如东方图书馆被日人炸毁，馆内藏书乃是张元济花多年心血为商务印书馆辛勤搜集而来，却尽毁于一旦，而他在给傅增湘的信中谈及此事时，仅说了一句："琉璃脆。天下事大抵如斯。弟日来恐觉罣碍一空矣。"跟他说柳蓉春的话一相对比，足见他对"柳树精"痛恨到了何等程度。四天之后，也就是元月8日，张元济再次致信傅增湘，其中提到了他生气的原因："《方言》及《困学纪闻》因柳估过于居奇，自视太重，故不愿代寄。前日往询，则云邮局令其作价，须先报关，费钱太多，尚未寄出云云。弟已催令速寄，但不知有无变卦。《大戴礼》探知，云售与孙星如。问诸孙君，云亦在磋议，尚未到手。究不知从中是何狡狯。柳估为人，可恶之至。"

从这段话最后的几个字，就可以品出张元济对柳蓉春确实愤怒已极。拿张元济的话跟刘承幹的评语相比较，二者之间巨大的反差，足可说明柳蓉春在为人方面的确有多面性。然而他能看准时机，从苏州转移阵地来到上海开店，说明他的确有敏锐的商业触觉。姚一鸣也在文中点出了柳蓉春前往上海开店的动机："柳蓉春在博古斋书肆经营中，以懂版本、信誉好而著称，他的生意也是越做越大，苏州离上海很近，晚清自上海成为通商口岸以后，越来越显示出其特殊之地位。柳蓉春和所有江南的书商一样，想要把博古斋书肆做大做强，更有影响力，必须要到上海这个大码头开店。在筹备时机成熟的情况下，柳蓉春在书业同仁的相助下，一时也跻身于上海书林，以其不凡的古书经营，博得了爱书人的一致好评。"

关于柳蓉春在上海开店的地址以及他的眼光所在，陈乃乾在《上海书林梦忆录》中有如下说法：

> 其时三马路惠福里弄口有博古斋书肆（今艺苑真赏社隔壁），与古书流通处仅隔数武里，新得莫友芝藏书，插架亦富。主人柳蓉春，苏州洞庭东山人，外号人称"柳树精"。虽未尝学问，但勤于研讨，富于经验，且获交于江建霞、章硕卿、朱槐庐等诸辈，习闻绪论，遇旧本书，入手即知为何时何地所刻，谁家装潢，及某刻为足本，某刻有脱误，历历如数家珍。

至少在钻研业务方面，柳蓉春不负"柳树精"这个绰号，他一看到书本就能知道是何人所刻，谁家做了装潢等等，历练出这样一双慧眼，当然不那么容易。虽然柳蓉春是以经营为生，但通过陈乃乾的描写，仍然能够感受到柳也的确是位爱书之人："家本寒素，故积致小康，每得善本，辄深自珍秘，不急于脱售。夜深人静时，招二三知音，纵谈藏书家故事，出新得书，欣赏传观。屋小于舟，一灯如豆，此情此景，至今犹萦回脑际也。"

博古斋除了买卖旧书，也从事出版活动。陈乃乾在文中写到："影印大部头丛书之事，博古斋实开其端，所印有《士礼居》《守山阁》《墨海金壶》《拜经楼》《百川学海》《津逮秘书》《六十家词》诸种，以一人之力而翻印旧书至数千册，可谓豪矣。"看来，影印大部头丛书，也是柳蓉春的一大贡献，因为当时搞影印者，大多都是从小部头下手，因为小部头之书可以加快周转，而博古斋却率先影印大部头丛书，这也正说明柳蓉春眼光之独到。可惜的是，在他去世后，博古斋产业迅速衰落了下来："蓉春殁后，其子元龙有神经病，初则广置田产，忽而长斋绣佛，曾不数年，隳其家业。"

陈乃乾所记太过简约，姚一鸣在文中讲到了博古斋衰落的细节："博古斋主人柳蓉春在 1924 年病故，博古斋即由其子柳企云继承，不过博古斋的辉煌已经不在。柳蓉春娶妇殷氏，生有一子一女，子柳企云，女柳月娥。柳企云娶顾佩玉为妻，柳月娥嫁朱尚和，后两人不和仳离。柳月娥回家依靠老母和长兄生活。柳企云于 1938 年因病去世，博古斋就落到三个女人手中，乃是殷氏和女儿柳月娥，以及媳妇顾佩玉和第三代尚幼小的三子一女。此时上海博古斋书肆已不存，苏州博古斋也已日薄西山。"著名的博古斋就这样迅速的衰落了下来，而到了 1939 年，该店再也经营不下去了，就此结业。

既然博古斋在这么早的时间就已结束，那为什么上海图书公司还有这样一块招牌呢？为此我特意向朱旗总经理请教。他告诉我说，50 年代公私合营时，并没有博古斋，直到上世纪 90 年代，才重新用起了这块牌子，但问题就来了，我在 80 年代前往这里买书之时，难道此处不是博古斋？朱总称确实如此，因为当时卖古书之处名叫上海古籍书店，而我所说的买书地点，就是今日博古斋楼下的后院。

关于上海古籍书店的情况，傅立民，贺名仑主编的《中国商业文化大辞典》中"上海古籍书店"一条中说到：

> 上海唯一收购、销售中国古籍的专业书店。原是上海新华书店的古籍门市部，1956年5月，9家私营古书店并入该门市部后组建成古籍书店。经销各种线装古籍、碑帖、字画，以及新印古籍、印谱、艺术复制品、古典文学普及读物和有关研究古代历史、文化的著作。

显然这九家中并没有博古斋，但或许因为柳蓉春经营的博古斋在业界有一定影响力，故而上海图书公司就将这块牌子恢复了起来。到如今，在短短的二十余年内，博古斋已经成为了跟中国书店齐名的南北两大家古籍经营之地，但已经少有人会想起这个牌子的创始者，乃是那著名的书商"柳树精"。

离奇经历　特殊分工

上海旧书店

十八年前，在和老师的带领下我第一次来到上海旧书店福建中路门店，那时旧书市场似乎要比今天火热。走进此店，我的第一印象就是店窄人多。店铺是窄而长的一个竖条，两墙是书架，中间本已不宽的过道中还摆放着一排桌椅，上面也堆满了民国旧书。我对旧书一向兴趣不大，但和老师的藏书方式属于兼收并蓄、古旧通吃。那个阶段，他在国内到处跑，收了好几家的藏书，使得他的藏书量迅速庞大起来。和老师让我佩服之处，就是他有着海纳百川之势，书的数量虽然已经很多，但他不以此为满足，继续到处收购。他的购书范围，宋、元、明、清版本自不在话下，而民国旧平装、旧期刊以及名人手札也全在他的收录范围之内。此次赶上上海拍卖，我们相遇之后，我就跟着他到处转，旁观他收书的豪举。跟和老师在一起淘书多年，我已经调整出很好的心态，因为他看见好书，必定会弹出那句口头禅：我要，我要。与这样的书友一起转书店，刚开始会有些不习惯：凭啥咱俩同时看见好书，都是你要？但时间久了，你就能发觉，他并不是不顾朋友情面的自私，实际上他对书友有一种痴狂的爱，因为他买得书后，也时常随手送朋友，因此，他的"我要，我要"其实只是他对书占有欲的折射。

　　与这样的朋友在一起，至少我感到轻松：不用担心与朋友同时喜欢上某一本书时，有让与不让的纠结，因为他不给你纠结的机会。而且当你放平心态，陪伴他左右时，你还会被他身上所散发出来的痴情所感染，甚至恨不得帮他将所要之书全部弄到手。自己虽无所得，但却瞬间体会了曾文正公的那句名言："曾经我眼即我有。"

　　来到了这家旧书店，和老师以他惯常的气势，随意率性地翻看

题图

上海图书公司下属古旧书网店

上海旧书店（福建中路118号）（近书城斜对面）
电话: 63282919

上海旧书店（中华路1351号）（近文庙）
电话: 63777183

上海旧书店（方浜中路408号）（近老街）
电话: 63553722

上海旧书店（康定路100号）
电话: 62533174

新文化服务社（瑞金二路410弄3号）（近泰康路）
电话: 64739765

新文化服务社（福建南136号）（近人民路）
电话: 63556331

网点名称

着摆在桌子上的旧平装。他的这种霸气让旧书店的工作人员有些不爽，但也不好说什么，而我能看得出，对方在隐忍。一转眼，和老师看到架头顶上的几捆大部头，他立即下令让店员拿下来。那几个店员可能少有见到这种气势的买书人，同时也觉得费那么大力气把书从架头上搬下来，说不定这位大爷只是看一眼就转身而去，于是反问他："你到底想不想要？"这句话让和老师来了气："我都没看见，怎么知道想不想要！"之后又有几句你来我往，双方都有一些戗火。见到这阵势，我只能和稀泥地劝和老师不要生气，但和老师的脾气哪里是我能劝得住的，他继续跟店员大声嚷嚷着。可能是他的气势真的导致了东风压倒了西风的局面，那两个店员不再说话。吵架需要双方的配合，对方没了声，和老师的火也无处可撒。以我的常理来看，这种局面买卖已经不可能再做下去，于是我劝和老师就此离开，然而和老师回敬我道："凭什么呀？！"这让我没话，只好在这不愉快的氛围内继续陪他看书。

时间不长，和老师感到内急，问我哪里有厕所，可我哪里知道，于是他转身问店员，那个店员没好气地回答他说没有。有些事情就是很巧，这位店员的话音刚落，另一位店员就进了最里间的一个小门，一会儿听到"哗"的冲水声，跟着人就出来了。和老师也听到了这一切，马上说："那不是厕所吗？"那个店员更加理直气壮地回答他说："那是内部使用，不对外。"这种局势马上让我担心起来，我知道接下来又是一场狂吵的风暴。然而，此次我错判了形势，和老师竟然一声没吭，继续翻看着书架上的旧书和杂志，只见他边状若漫不经心地翻看，边把身子一点一点地往店堂里面蹭，当他蹭到书店的顶头位置时，冷不丁地把手上的书往架子上一扔，以"迅雷不及掩耳盗铃"之势，飞快地拉开了厕所的门。但他的身子还没来得及探进去，不远处一直留神观察他一举一动的那个店员，便身如闪电地窜了过来，一把拽住和老师的肩膀，将他揪了出来。身手之快，令我怀疑他当过兵，并且当的是特种兵。

接下来的情形可想而知，两人一个不放厕所的门，一个不放对方的胳膊，站在原地又是一通大吵，而这一切仅发生在不超过十秒钟之内。我完全未曾料到会有这样的场面发生，而我有限的社会经验里也没有这种应急预案，只好站在那里怔怔地呆望着，不知如何是好。

凭心而论，我也不觉得和老师这么做就是完全正确，因为这里毕竟是内部厕所。但话又说回来，书店行业毕竟属于第三产业，也就是惯常所说的服务业，就站在人性角度，来你家店看书，怎么也是一位顾客，你是否把他视为上帝那我不知道，因为我不知道上帝是否需要上厕所，但人肯定是要去的。既然如此，顾客内急想用一下厕所，不至于这样的铁面无私。当然，我也知道这个店平时未必如此，只是这个故事的头开得不好，因为前面的不愉快才导致了后面更大的不愉快，这也是蝴蝶效应的一种吧。人都有立场，我今天是跟和老师同来，从理论上讲，当然跟他是"同伙"，到这种境地，我当然不能跟和老师讲"应该"或"不应该"。想到这一层，我的思路立即清晰起来，于是作两肋插刀状，帮着和老师跟那几个店员吵架。吵架当然不会有什么结果，更何况这一架吵得如此不上台面，但结果是显而易见的：彼此都是一肚子火。

到了这个地步，我生气地拉起和老师的手："走，这家店今后永远不再来了！"但让我没想到的是，和老师甩开我的手，很疑惑地看着我说："为什么呀？我们凭什么再也不来这个店了呢？"这让我既生气又无语，他的这个回答反而让几个气势汹汹的店员错愕地张着嘴，不知道再怎么接茬儿。和老师转身跟店员说："把架头的那几捆书拿下来我看！"我觉得此刻就像施了魔法一样，那几个店员脸上的怒气一瞬间消失得没有了痕迹，他们互相看了一眼，竟然乖乖地搬凳子登上去把那几捆书抱了下来，摆在柜台前面一声不吭地解开捆请和老师翻看。和老师站在那几捆书面前，仅拿起最上面的一本翻看了一页就扔了回去。我觉得他翻看的时间没有超过3秒钟，然后抬起头来问店员："多少钱？"店员说出了几个数字，和老师想都没想就回答说："全要了。"

这种场面让那几个店员还有现场几位看热闹的读者——当然包括我，总之，当天所有在店里的人都愣愣地看着眼前这极具戏剧化的一幕。然而，我却并不觉得这是一出精彩的真人秀，不知什么原因，我的心情渐渐地由错谔变成了愤怒，我压抑不住自己的愤怒，上前冲着和老师大叫，问他为什么能够这样，连厕所都不让上，这种污辱是可忍，孰不可忍，怎么还要买他们的书？！面对我的愤怒，和老师一点儿都不生气，他语调平和地反问我："没上成厕所跟买书有什么联系吗？不让上厕所，我们要跟他们战斗！但是书该买的还要继续买。"

此刻发生的这一切，不止是我，恐怕那些店员也从未遇到过，他们不知所措地站在那里，和老师看了他们一眼说："赶快结账！"其中一个店员抬起头跟和老师弱弱地说了一句："要不，您先到里面上厕所？"闻罢此言，和老师转身就走到了店堂里面，那一刻我恨不得一把拉住他，但与此同时我也意识到了，我们的思维方式迥然有别。等他从厕所出来，那几个店员商量了一下，主动跟他说："您买了这么多书，我们给您打九折吧。"和老师回答说："九折怎么行？再便宜一些！"

从店里出来，我跟和老师讲，从今往后自己再不会进这家书店，和老师反而开始苦口婆心地劝我："你这种思维方式不行，怎么能意气用事呢？你看，我今天书也买了，厕所也上了，什么目的都达到了，这有什么不好呢？"其实我知道自己的问题所在，但我怎么可能因为一个"厕所事件"就改变自己的脾气秉性。自那之后直到今年，已经过了十八个年头，虽然我从这家旧书店门前经过无数回，但确确实实再没迈进过这个店堂一步。此后的一些年，和老师收藏古旧书的热情丝毫未减，并且在古旧书行业流通领域作出了很大贡献，我不知道他取得这些成绩是否因为从厕所事件中得到了启示，但他务实的作风应当是他做任何事都能成功的基本保证。而我却始终抱着"士可杀不可辱"的迂腐观念，无法做到像他那样"沧浪之水浊兮，可以濯吾足"的务实。这两种心态之下的不同结果，在二十年后更显而易见：我依然是藏自己的书，写自己的小文章，而和老师却能在旧书流通业创造出那么大的影响。性格决定命运，信然。

从 2014 年开始，我的寻访计划中多了一项：旧书店之旅。一百余年来，中国的旧书业逐渐形成了两大中心，北方集中于北京琉璃厂，南方旧书业的龙头则是上海福州路。虽然旧书业如同市场规律一样起起伏伏，但总体格局却未曾改变。上世纪 50 年代的公私合营，使得各地的旧书店基本都合并为一家，然而合并之后的北京，因为门店众多，故仍然保留一些老字号，只是所有权变为了国有。琉璃厂的旧书业虽然统统归在中国书店旗下，但有些著名品牌却一直使用到现在，比如来薰阁、邃雅斋等。上海的情况却有所不同，虽然上海图书公司旗下也有多家古旧书门市部，却统一命名为"上海旧书店"，而这些书店之间的区别，则在于分别被称为"上海旧书店某某门市部"。

上海旧书店的主要经营品种是旧书和旧期刊，古籍善本则由古籍书店专营，古籍书店就是后来的博古斋。当然，这是公私合营后的分法，在此前，上海旧书店并不是一个固定词组，比如尹善甫写过一篇《我在上海旧书店当学徒》的文章，文中写到作者在1943年于上海一家旧书店工作时的奇遇。某天，店老板和师傅都出外办事，作为学徒的尹善甫却遇到了一笔大买卖，因为有位衣着靓丽的男士放了一部书在店里，尹善甫对此不能鉴定，但他在文中记录下之后的情形：

> 这天傍晚，朱老板和张师傅回到店里，他们一见此书，顿时喜形于色，但因朱老板对此古版的书籍鉴别经验有限，因此在难以吃准底细的情况下，他马上叫了一辆黄包车急忙到汉口路来青阁书庄讨教，经该店一个见多识广的老店员的鉴定，确认此书乃是北宋年代版本，国内实属罕见，且已绝版。朱老板如获至宝。他又立即回到店里与久等的卖书人讨价还价，此时才弄明该书的持有者是李鸿章的后代，最后以三担白米的折价收购下来。不久，有人向我告知朱老板以两根金条的代价卖给来青阁书庄，听说来青阁书庄以六根金条卖给书贩捐客，后来又听说此部古书已出洋到了美国。

这样一部珍罕之本，有些旧书从业人员一生都未曾遇到过，而经营旧书的魅力也正在这里：谁知道哪天会出现天上掉黄金的事呢？但这项工作貌似刺激，其实背后的辛苦不是业内人士绝难体会得到。虎闱先生原本在北大荒务农，1979年回到上海从事的工作就是古旧书和期刊的整理，而这个工作的状况，他在《故纸情深》中写到：

在上海古旧书业内，称书库为栈房，栈房的安全防火规定其中一条是，必须用不超过四十瓦的白炽灯，而且限制了灯的间距。故而高大的库房昏暗阴森。更有甚者，期刊库书架排列狭窄，让人压抑，且灰尘扑鼻，工作条件相当差。通常，工作人员在完成整理配套指标后，便立即起身去门外休息室呼吸新鲜空气，抽烟聊天，喝茶打扑克。

天下有很多美事，其真实状况都可以用王朔的那篇小说名来形容——看上去很美。我跟古旧书业打交道几十年，听过不少老店员说到这项工作的弊端：很多人都得了肺炎或支气管炎，还有的人因为手受伤，受了细菌感染而得了灰指甲。俗话说行行出状元，但少有人会留意行行有艰辛。但不管怎么说，古旧书业就世界范围而言，也属于古老而传统的商业模式，存在即合理。因此，1949之后，虽然有关部门大力提倡破旧立新，但旧书业还是顽强地生存了下来。对于这个行业的改造，俞子林在《上海旧书店服务部轶事》中称："一九五六年我国社会主义改造时，上海福州路先后建立了古籍书店和上海旧书店。"由这句话可知，上海地区的古籍书店和上海旧书店是两个体系。

从俞子林文中可知，上海旧书店的成立跟当年的政治运动有一定的关系：有些运动结束后，部分相关资料被处理了出来，如何处置这些资料便需要专业人员进行分档，于是上海旧书店首先建立了审读组。对于组建该组的原因与工作状况，俞子林在文中写到：

在那年代，政治运动年年有，新的"反动分子"不断产生，除国民党反动分子、汪伪分子、托派分子外，又增加了胡风分子、批胡适、批武训、批苏修，直至右派分子等等。每一次运动都会涉及一批书被查禁、封存、停售，审读组建立的卡片箱增加到几十只。工作人员（包括参加审读、收购、标价、栈房、门市部的工作人员）都担负着重大的责任。稍有不慎，把不该卖的书卖出去了，就会受到批评，严重的还可能被追查、受处分。

看来，审读旧书也属高危行业，稍有不慎就会受到查处。而书整理出来之后的状况，可以用鲁迅在《拿来主义》中的话来形容："看见鸦片，也不当众捧在茅厕里，以见其彻底革命，只送到药房里去，以供治病之用，却不弄'出售存膏，售完即止'的玄虚。"其具体作法，俞子林在文中有如下简述：

就在这情况下，上海旧书店建立了几个不同类型的仓库，分档储存，同时还开设了服务部，把一部分可以限对象供应的书放在那里凭介绍信有区别地出售。其实那个地方一直没挂服务部的牌子，有时就称它为二门（即第二门市部）。但是服务部供应的书并不全是有问题、被停售的书，更多的却是较好、较有价值和较为稀见的书。因为到服务部来买书的人，很多是各级机关、文化部门领导、作家、研究人员，以及图书馆、研究单位等。为了使服务部有充足的货源，服务部工作人员可以到收购处、门市部去拣取他们需要的书，有时还可以让买书的首长、重要的文化界人士直接到仓库去拣书。因此有人戏称这些仓库为三门、四门，真是五花八门了。

关于当年上海旧书店门市部的数量，钱乃荣的《上海风情》中有"上海旧书店"一文，文中称："五六十年代（到'文革'开始那年为止）的上海旧书店，真是一个开放的知识大宝库。当时国营的上海旧书店，有福州路、淮海路、四川路三大家。"这段话中提到的上海旧书店并没有福建中路的这一家，而如今的福州路上也并无上海旧书店的存在。以我的推论，原本开在福州路上的那一家，如今迁到了福建中路。因为钱乃荣的《上海旧书店》中对于该店的形容，与我眼见的福建中路店十分相像："那时的旧书店铺面很大、很深，里面还有多个曲折转角地，每类图书分列齐整，重要的旧书还在大台面上陈列，一本本看过去十分方便。我的许多知识底子实际上都是在旧书店打下的。"

钱乃荣文中所描述的上海旧书店乃是上世纪 50 年代刚成立时的情形，那个时代因为收入低，书价也很便宜，文中举出了一些当时的书价，比如当时发行不久的《宋词选》，原价卖 1 元 3 角，旧书卖 1 元；《近三百年名家词选》原价卖 8 角，旧书卖 6 角 5 分。旧书与新书差价如此之小，这与今天的状况有很大的不同，但这种买卖方式使得收入较低者能够边卖边买，可以用有限的钱读到更多的书：

许多新书或旧书，看完可以拿到瑞金路附近的旧书回收处估价，卖得钱来再去买自己看中的旧书，我和许多人就是这样周转着看旧书的，因为那时人们要买书没有多少钱可以投入，我常将母亲给我乘电车上学一天的零用钱6分，积个好多天，就去买一本光顾了一次又一次、生怕被人买去的书。还有比如说家里原本有一本30年代出的《儒林外史》，排版等反而没有50年代人民文学出版社的《儒林外史》好，于是拿去卖掉，换回50年代版的旧书后，余钱还可以多买两本旧书。

如此贴心的旧书交流方式，如今已成绝响，这种状况由不得又令我感叹一番，但市场行为往往难如人愿。好在上海旧书店几家门市部虽然迁离了原址，但依然完好地经营到了今天，这才给我的寻访多了一些目的地。

如今的几家上海旧书店仍然是上海图书公司下属的门市部，而这些旧书店的总负责人乃是殷小定先生。这么多年来，我在南北的古书拍卖会上常与殷先生见面，成为了熟识的朋友。某次，我跟他讲自己想去几家他所管理的旧书店拍照，殷经理表示欢迎，并且发给我这几家旧书店的地址及经理姓名、电话，其中就有福建中路这一家。我看到这个名称就又回想起十八年前的"厕所事件"，不过细想之下，我觉察到自己当年的意气用事。其实那场戏的主角是和老师跟几个店员，我充其量只是个帮凶，或者说是拿耗子的那条狗，我为什么要赌气再不进这家店呢？事件的主角都已经化敌为友，我坚持的究竟是什么东西呢？我想起了《智取威虎山》中那句著名的台词："八年了，别提它了。"而我都十八年了，为什么还不能放下呢！于是我决定放弃自己的坚持，要走进这家店中。

其实，福建中路旧书店就在我住的酒店旁边，相距不过二十米。前一夜上海下起了雨，这场雨持续到了早上。由于嘀嘀打车的普及，现在站在路边招手打车变得很困难，而上海尤甚，雨中的上海就更甚，于是我改变原有的计划，决定先前往福建中路旧书店，因为走路都超不过2分钟。不知怎么回事，我有点"近乡情更怯"，又似乎带了点歉意。就这样，我在十八年后再次走进了这家书店。店里的布局跟当年所见没什么两样，只是我注意到进门的墙上挂着一方匾额，上面列明了上海图书公司下属古旧书店的名称和地址。我数了一下，总计六家。如果说到变化，就是店堂里的书架比我当年所见要现代化了许多，但格局依然是两墙加中间。

而今所见，上架的书虽然比当年多了不少，但基本上都属于二手书，真正称得上旧书者，不到原来的十分之一，只是在进门的玻璃柜台以及店堂里侧的桌上和架上摆放着一些。我之前担心店方还记着当年吵架的仇恨，根本不允许我拍照，于是事先给殷经理打过电话，请他跟此店的经理打过招呼之后我再来。果真，我进店报上名姓之后，店员说经理外出，但他们已经知道这种情况，可让我在里面随便拍照。

我先从二手书处看起，我注意到这些书并非简单地堆放，也做了内容上的分类，在每架书的顶上分别标有"文学艺术"、"科技技术"等等字样。可能是下雨的原因，除我之外，店里仅有一位顾客在翻书，店员却有三四位之多。我看到店员基本是中年女性，当年

二手书的摆放方式

吵架的那几位年轻小伙子已经不知去了哪里，这让我的拍照与翻看随意了许多。

　　店堂在三分之二处架设了铝合金和玻璃的隔离门，门外的三分之二面积是二手书，门里面则是民国旧书和旧期刊。相对而言，我当然对旧书兴趣更多一点，于是就在旧书区内边翻看边拍照。这里面的格局跟外间一样，也是两侧为书架，中间为展台。两侧的书架

1
2

1. 旧平装的摆放方式　2. 价签上的红横条

要比外面二手书的架子小许多，上面的书摆列方式也跟外面不同，是平放在架子上。每本书的上面都用曲别针夹着书签，这些书签的顶头都用红色的不干胶贴着一个横条。我感觉这应当是一种记号，于是就向一位店员请教，她告诉我果真如此，说上面贴着条的表示这本书已经挂在了孔夫子网上销售，如果在门市卖掉了带有红条的书，就要赶快到孔夫子网上把挂在上面的这本书撤下来，以防网上有人购买时却无货。听到店员这个说法，我心里又是一阵感慨，我真想问问他们：你们知道孔夫子网的老板是谁吗？

摆在桌上还有架子上的旧书大概有几百册之多，除了整捆的我没有像和老师那样翻开看之外，余外的基本上看了一遍，这些书上几乎全都贴着红色的横条。如此看来，孔网的业界影响力以及认

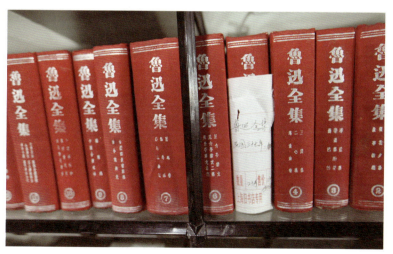

民国三十七年版《鲁迅全集》

可程度竟如此之高。书架上还摆着一整套民国三十七年版的《鲁迅全集》，这部红色封面的全集本，我眼瞅着卖掉的也有几部了，而价格更是一年一年地向上涨。在店的最里头堆放着很多整捆的二手书，这些堆书处的后面，就是当年事件发生的那个厕所。店堂虽然装修过，可厕所还是那个厕所。其实应当建议店方在这个厕所门口挂个牌子，一百年后说不定也成了书界圣地。

我在桌子上腾出一块儿地方，取下一些有兴趣的书进行拍照。店堂太过幽长，白天也同样需要开灯，混杂光源下的拍摄有些许麻烦，但我觉得书友们更关心的是哪些书在这个时段卖到了怎样的价钱，至于到照片拍得漂亮与否，应该不太计较。我对书目类的书很感兴趣，在这里看到了一部民国三十六年版的《中文图书编目法》，这本书所谈的编目方式已经是改良后的中西合璧，书的品相一般，标价为150元，上面没有贴着红色的横条，而在书后空白页贴着一张1964年的旧书店发票，当时这本书的售价是8角钱。

另外一本《图书分类法》标价也是150元，跟上一本的出版社不同：上一本是中华书局所出，作者为娄云林；本册则是开明书店出版，原作者为村岛靖雄，翻译者是毛春翔。毛春翔所写的《古书版本常谈》是业界广为人知的一部书，而他还搞过相关的翻译著作，我却是第一次知道。这本书后面也同样贴着旧书店的发票，当时的标价是2角，不知为什么比上一本便宜了那么多。不过通过这两张发票的标价，大概能够看出来民国旧书在这几十年间的价格变化。

相关的书我还看到了一本《走到出版界》，此书为毛边本，标

1.《中文图书编目法》　　2.《图书分类法》　　3.《走到出版界》

价是 1800 元。翻到后面的版权页，可知是民国十七年出版，印数 2000 册。此书品相较差，书脊已经开裂，但仍然能标到这个价钱，多少让我有些意外。这里的书价格之高，跟钱乃荣在《上海旧书店》中所载，有别霄壤。其实转念细想，书价的确涨了，但如今哪些东西不涨价呢？如果以涨幅论，书价其实并未超过其他门类的物品。

上海图书公司将古书和旧书分成两个系统来经营，但古书和旧书原本就没有清晰的界线，更何况旧书店的收购人员到某家收书时，不太可能说，我只收旧书，古书你请别人来收购吧。就平均利润来说，古书远远高于旧书，谁愿意将到口的肥肉放走呢？故而古籍书店和上海旧书店之间，在经营品种上，依然是你中有我，我中有你。而这种现状，我在该店也看到了实例。

虽然说上海旧书店里的线装书数量很少，只在进门的位置有两米长的玻璃柜，里面摆放着十余部，但我还是对这类书充满了好奇心，于是请一位店员帮我拿出来拍照。我看到的第一部是清刻本的《宋四六选》。品相倒是不错，有前后夹板，看来是南方藏书家旧藏之物，十二册原装，标价为 1.8 万元。这个价格其实不低于拍卖会上的估价。就一般情形来说，门店经营的古书价格大多高于拍场，这是担心无意间卖漏了好书。另一个原因则是收书不易，老店员们会时常念叨：卖一部少一部。虽然年轻店员少有这样的顾忌，但他们会考虑到老店员的感受。而正是在这种心理的笼罩下，到旧书店内想买到便宜的线装书，几乎是不可能的事情，除非卖方未能搞清楚某部书的真实价格所在。你如果独具慧眼能够捡到漏，那可以用

《宋四六选》

上帝的话来说：你有福了。

　　汲古阁本的《中州集》带有原封面，但封面牌记却写明是"吴门寒松堂藏版"，看来是书版已经从毛家转卖到了这里。翻开内页，刷印得仍然清晰，版片没有断裂之痕。该书一函十册，标价为18万元。古书界近十年的一大变化，就是当年不被看重的毛氏汲古阁本，而今价格大涨，广受藏家所喜爱。前几年我就听说已经有人专收汲古阁所刻之书。细想之下，这也是个不错的专题。

　　《姚惜抱尺牍》一函四册，清宣统小万柳堂刻本。此书即吴芝瑛翻刻海源阁原本，海源阁本所刻该书流传稀见，吴氏小万柳堂本却时常出现在市面上，看来当年印刷量较大。此本原装原函，品相

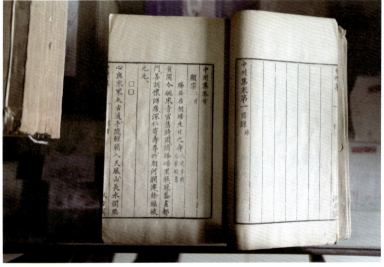

《姚惜抱尺牍》牌记

确实不错，标价为 6 万元。

《鸿雪因缘图记》是近些年很热门的一部书，主要原因是这部书里的版画太漂亮了，次要原因则跟我有关，因为我所影印出版的覆彩本又让这部书火了一把。而这回在店里看到了一部光绪上海同文书局的石印本，系缩印，一套三册，品相一般，然而售价仍然是1.5 万元。就石印本而言，这个价格已经不便宜，不过跟道光原刻本比起来，还不到原刻本售价的二十分之一。

《当湖历代画人传》，这是孙振麟雪映庐刻本。此本刻得较为精雅，我对该书感兴趣是因为我藏有雪映庐的稿本。该书在拍场上出现过几回，而这一部带有原书签，倒是不多见，因此这部两册一套

1. 石印本的《鸿雪因缘图记》　2.《当湖历代画人传》

的书标价是 1.8 万元。

　　余外还翻看了其他几部书，总体感到古书的价格仍然跟旧书是两个档次。虽然在这里没能看到真正善本级的震撼书，但是在书架内能有这些线装书，已经实属难得。看完书，我向店员表示了谢意。其实我在拍照时，已经多次留意过那个充满回忆的厕所，几次想进厕所内一看究竟，但怕重现当年的故事，还是忍住了自己的好奇心。不过我注意到厕所的门已经换成新的了，不清楚换门的原因是不是和老师拉坏了门环，还是为了让读者更加难以注意到这是厕所。但无论怎样，这家书店的厕所在我的心目中已然被神化，因为我不知道古旧书店的哪家厕所能比它更传奇。

厕所事件发生地

曾经繁盛　几度迁移
天津古籍书店

　　我跟天津古籍书店交往的时间很晚，虽然上个世纪90年代初已经进过它的店门，但几年之后才熟悉起来，中间大概有三四年的时间。天津古籍书店在市内有好几个门市部，我去的第一家位于劝业场对面。其实这家店我在很早就曾进去过，后来这家店改为了鞋店。那时我还没有住在天津，从外地来津出差时，专门跑到这里去看书，看到了熟识的店堂变成了鞋店，很是失落。后来几经打听，方得到了确切的消息：因为劝业场是天津的寸土寸金之地，而经营旧书远不如把店堂租出去赚得更多。不过这家门市部并没有撤消，只是搬到了后面一条胡同里。我沿着胡同找到了此店，虽然那里仍然在经营古旧书，但不知为何，我还是没能恢复有如暗恋情人般的情感依托。这段经历对我的早期买书史有着较大的心理影响，自那之后的几年，我都没有再走进旧书店去买线装书。

　　再一次大量购书已经到了90年代中期，那时我已经在天津工作了几年，逐渐也成了半个天津人。天津虽然是一座名城，但却不像其他大城市那样，有着资源丰富的名胜古迹，但天津人有智慧，没有条件创造条件也要上，于是就建起了一条古文化街。这条

1. 书店楼体外观　2. 茅盾书写的匾额

街很快就在国内创造出了影响，没过几年就成了天津最有名的旅游景点，凡是来天津的旅游团，古文化街都是必去之处。因为这个原因，外地的朋友来津找我，或是旅游，或是办事，我大多都会把他们带到这条街上游览一番。街边停满了旅游大巴，一队队的游客跟着举旗的导游穿行在拥挤的人群当中，我虽然很烦这种摩肩接踵的去处，但是若不把朋友带到这里来，又要去哪里呢？总不能反复去看那个号称"领先时代50年"的火车站。

我在古文化街带着朋友去得最多的店就是"泥人张"，虽然我也介绍不出这种黄泥做的小人儿有什么奇妙之处，但在20多年前，人们的旅游习惯是每到一地必要买一些有当地特色的旅游纪念品回去，以便回到家中跟众位亲朋好友展示自己曾到某地一游。但是一游的时候买这种小人儿还可以，如果是二游或者三游，送人的礼品都是这种泥巴，连我都觉得说不过去。虽然我走进这条古文化街就烦，但本着让外地朋友能够买到特殊纪念品的想法，还是耐着性子陪他们把整条街上的店铺一家一家看过。这一看不要紧，我竟然在街上发现了一家名叫"文林阁"的古旧书店。

虽然我已经有几年没再买线装书，但我那天生具备的基因并未就此磨灭，只要看到"古旧书店"这几个字样，无论在哪里，都会瞬间产生本能的亲切感。我所住过的酒店，很多都挂着"宾至如归"的招牌，好几次我都有冲动想把这种招牌摘下来挂到旧书店里去，因为我在宾馆、酒店中看到这种招牌没有任何感觉，只有到旧书店里才会瞬间产生归属感。

文林阁旧书店很小，里面摆放的书大多为文史类的旧书，线装书仅有两架，但这两架旧书却很符合我凡古皆好的偏执，以至于我完全忘记了自己在古文化街寻找的是有着差异化的旅游纪念品。从那天起，我只要有空，就跑到文林阁中，在那两架子书中挑来拣去，先从最好的买起，然后再买次好，后来凡是线装书都想买。这有如别人结婚时送了一包喜糖，吃糖时，本能地会从中选出一块自己最喜欢的放进嘴里。吃到最后，哪怕仅剩下两块糖，仍然能从中择优取之。其实，买书的选择跟选糖吃没什么区别。我这个买法很快引起了店里领导的注意，他开始带着我步入内室，循循善诱地帮我提高择书的口味，但我这种买法显然令他多年留下来的珍善之本迅速地离开了书架，于是他让我另请高明，介绍我去了离此店很近的古籍书店。

位于古文化街的天津古籍书店此前其实我去过几次，那个店从外观看是一座三层楼的仿古建筑，一楼是店堂，里面卖的都是一些在新华书店同样可以看到的文史新书。在八九十年代，各地新华书店普遍实行积分制的新书打折，打折方式是先给读者办一个卡，然后在结账时由收银员在卡片上填写购买的金额，累积到一定金额，就能提高一个点的折扣。其实升到最高点也没有今天打折多，但这种方式既能满足人们购书的成就感，同时也让人产生能够便宜几块钱的窃喜。我也有好几个书店的打折卡，因此新书我都会到其他店购买。古籍书店的新书不打折，所以我以不在这里买。况且这条街停车如此困难，人流如此拥挤，还没有古书，我更没有来这里买书的理由了。但文林阁的老师傅却告诉我，古籍书店的二楼有专门的古书区。原来竟是这样！其实我看到过楼梯，也看到几个领导模样的人走了上去，因此我就本能地以为二楼是书店的办公区域。文林阁的老师傅还告诉我，上面的确有办公区，但是在三楼。因为我的种种误解，让我在天津古籍书店买线装书的历程晚了几年，但是我第一次踏上那家书店的二楼之时，我购书历程的新纪元就开始了。

90 年代中期，古籍拍卖刚刚兴起，在社会上还没什么影响，古籍拍场上的成交价跟古籍书店里的标价相差悬殊，这就如同路边摊上的红薯跟会所中号称"纯天然绿色食品"的地瓜一样，东西完全相同，价格却差着几十倍，但都有着各自的消费群体。而我却是个一根筋的人，对这种不换汤也不换药而只换价格的卖书方式，一时无法接受，我本能地选择去买同类书中最便宜者。从那时起，我在古籍书店内大量买书，但店方不可能任由我把店堂买空，于是很多书因为各种原因我不能如愿买到。此后，我又发展到了去其他省市的古籍书店买书，但最主要的还是南方几地。比较而言，北京琉璃厂的古书最多，但价格也同样最贵。

其实那时古文化街上天津古籍书店所挂牌匾乃是文运堂。文运堂原本是一家古旧书业的老字号，公私合营时并入了天津古籍书店，成为了该店下属的一个门市部。天津古籍书店的前身原本称为"新华书店天津分店古籍门市部"，此门市部成立于 1956 年 6 月 1 日，地址位于天津的商业中心劝业场对面。老的文运堂却创建在他处，陈天放、王翁如所撰《古文化街今昔》一文中提到了文运堂原本的位置："原来坐落在文学西箭道口的牌坊下，是出售古书的。后来这里改建楼房，商店迁到教楼东北侧了。原址仍是改为出售古书店，但易名为宝林堂藏书处了。"按照老地图上的标示，其实这个位置距离古文化街并不远。文中还讲到了文运堂书店经理王鹏九，因为他师父没儿没女，而王鹏九侍候得他很是周到，于是师父赠送给王鹏九一部宋版《文选》。据说王鹏九就是靠卖掉这部宋版，换得做买卖的本钱，才把文运堂办成了一家著名的古旧书店。

如此说来，文运堂的起步很高，而王鹏九也并没有贫儿乍富那样坐吃山空。陈天放、王翁如的文中还介绍他有如下的本领："他除去鉴定古书的版籍，并会装帧、修补等技术，可整旧如新。即如今天津许多古旧书店的鉴定版本、修补装帧名手，大多出自文运堂里。1951年，他将津市刻书家金浚宣先生所藏书版四十八箱，连同皇甫骏、齐乞伏保达两碑，一起介绍全部捐给市图书馆。"

这段话中所说的金浚宣就是金钺。此人所刻之书颇为讲究，我在天津古籍书店买到过不少金钺所刻之本。更为难得者，我在海王村拍卖行的一场小拍中，买到了一本书，书内有金钺坐在书房内翻书的照片，看到他那志得意满的样子，足可体会到他对古书发自内心的爱。

对于天津古旧书业搞公私合营的事情，郑士德主编的《新华书店五十春秋》中有如下简述：

> 成立古籍门市部。合营高潮过后，对天祥商场小铺小户古旧书业的改造，分为两步：①高级形式，直接进入国营书店，成立古籍门市部，如藻玉堂、宏雅堂等属于这种类型。②低级形式，自负盈亏，搞合作书店，改营新书和收购古旧书。国营书店多付给合作

书店35％的利润。采取这种形式的大部分是资金少、有一定流动性的个体户。

这样的公私合营方式比较人性化，使得合并后的古籍门市部得以开张，1956 年 6 月 1 日，这家古籍门市部在天津和平路开业，而那时的大藏书家周叔弢正任天津市副市长，他亲临此店表示祝贺。对于该书店所作出的业绩，郑士德主编之书中又称："古籍门市部多年来在'古为今用'方针指导下，为保存、整理、挖掘祖国文化遗产，收集珍贵革命文物，做了大量工作。收购各类古旧书二百万册，其中珍善本古书约三千部，革命历史文献近千种。党和国家领导人及各界知名人士胡耀邦、薄一波、姚依林、周扬、邓拓……等曾先后到古籍门市参观、收集资料。"可见这家门市部的开业对传统典籍的流传起到了何等重要的作用，而那时还有不少的领导人光临此店。

古籍门市部经营了十年之后，赶上了"文革"，这个门市部因为藏有大量"封资修"的图书，被全面停业整顿。几年之后，门市部搬到了天津文庙才得以重新开张。曹式哲在《南开大学图书馆与古籍书店》一文中写到：

> 1969年下半年至1970年初，古籍书店将天祥商场二楼门市部存放的古旧书籍（其中包括"文革"初期接收或收购的大量古旧书籍）搬迁至东门里文庙。经过一年多的粗略整理，并报呈上级领导批准后，古籍书店开设了当时全市唯一的古旧书门市部——

文庙古旧书门市部。

虽然古籍门市部得以重新开张，然根据相关部门的规定，书店内只能出售科技类、中医药类的古旧书籍，文史哲类的古书及碑帖只能供应给相关的部门。而当年的南开大学图书馆，就是该店的主要购买单位之一。那个时代书价很便宜，曹式哲在文中写到："当时，文庙古旧书门市部的书架上、书柜里摆满了古旧书籍，品种丰富，版本多多，价格亦很便宜，有的明版古旧书籍每部售价仅数十元。"可惜的是，按照规定，私人难以买到。而处在文庙的古旧书门市部，到了1985年7月，又迁到了佟楼新华书店业务科。

在此期间，天津新华书店古旧书门市部变为了天津古籍书店，《藏书家》第十一辑上刊载有徐雁所撰《天津旧书业》一文，文中称：

> 1980年6月1日，天津市新华书店古旧书门市部更名为"古籍书店"，茅盾应邀题写了店招，张振铎先生任经理。业务仍归属于新华书店领导，范围扩大到经销新版文、史、哲古籍类图书。为促进古旧书业发展，天津市古籍书店于1984年1月从新华书店中独立出来，隶属于天津市出版局领导。

1982年4月，天津古籍书店开办了烟台道门市部，而古籍书店总部也搬到了这里，四年之后，天津古文化街落成，徐雁在《天津旧书业》中写到：

1986年元旦，天津"古文化一条街"落成时，天津古籍书店等四家门市部同时在该街开业。乔石、李瑞环等先后视察了设址于古文化街120号的古籍书店。其时该店藏有唐人写经至于明清珍善本千余部，在全国各家古籍（旧）书店库藏中名列前茅。

　　此后不久，天津古籍书店总店也从烟台道迁到了古文化街，这家门店的一楼卖新书，二楼卖古书，三楼就是总店的办公区域。而正是在这个时候，文运堂成为我在古文化街最熟悉之地。

　　有一次，我见到了天津古籍书店的尹振谦先生，我问他是否还记得我第一次走进店堂的情形，他说记得很清楚，当时看到一个大个子走到了他所管的区域，指着架头上的一部大部头线装书问价格。尹先生说，他印象深刻的原因是那部书在架子上摆了好几年，从来没有人翻看过，也没有人问过价，而我问价之后就买走了那部书。尹先生边说边用手比划着当时的情形，他的叙说可谓细致入微，但他所说的这些细节，我却一点儿也回忆不起来了。

　　天津古籍书店当时的经理是彭向阳先生，彭先生不善表达，但对版本尤其是碑帖极为熟悉，这里的几位工作人员对古籍和碑帖都颇为热爱，我在店堂内常常看到他们跟彭经理探讨版本知识。有那么几年时间，古籍书店成了我唯一的消遣之地，隔三岔五就跑到这里。这让我不仅对古书熟悉起来，同时也了解到了很多信息。例如那个时期全国各地的古籍书店还有相互换货的传统，当时我不理解为什么要把南方的书换到北方，而北方的书又折腾到南方去，之后渐渐懂得了书籍销售有着区域性限制，某方面的书卖到一定程度就少有人问津，而换一个地方，反而能增加新的销量。当然这在二三十年前是很有效的经营方式，到了如今的网络时代，这些办法或者叫经营经验，基本上失去了作用。

当年书店之间的换货量很大，店员告诉我，店里曾经一次性换给了北京庆云堂几卡车的碑帖，来选货的人就是著名的碑帖专家胡介眉先生。至于换回来什么货，我就记不清楚了。我印象最深的，是在古籍书店看到了大批量的南州书楼和碧琳琅馆旧藏。南州书楼是广州藏书家徐绍棨的堂号，这批书就是从广州古籍书店换的。而方功惠的碧琳琅馆旧藏，我没有了解到是从哪里换来的。这两家的书后来我都买下来不少，两家旧藏有一个共同点，就是书中均衬有万年红防虫纸，并且在这衬纸之下都有虫蛀。职是之故，我学会了如何鉴定南方纸书，同时也知道了古人用万年红这种药用纸来防虫，看来作用有限。

从50年代到90年代之前，古籍书店的主要销售对象是各地的图书馆。到了80年代后期，古籍书价的上涨速度让图书馆渐觉难以承受，因为那些年图书馆的经费并没随着书价的上涨而增多，这使得图书馆的购书量迅速降了下来。图书馆买书少还有一个原因，就是珍稀之本永远少见，而普通线装书馆里又大多都已经有了，当然就不会再去花高价买复本。但书店收进的书，却永远是普通本占绝大多数。这些书占压资金，还需要占用库房空间，而旧书店都属国营，上级既有利润指标，同时还有销售额指标，这两个指标完成与否，关乎全体工作人员的年终奖金，所以我一度由于大量买书，还成了店里的香饽饽。

但是古籍拍卖的兴起，让书店多了一条销售渠道，使我失去了被店家宠爱的优待。冯小刚曾经拍过一部名叫《甲方乙方》的电影，那个电影里的一个桥段让我特有感触，里面描绘某人可以掏钱来享受巴顿将军指挥千军万马的颐指气使。正当这位款爷最为入戏时，铃声一响，"Game Over"，工作人员瞬间由言听计从的部下变成了自己的主人，拍着款爷的肩膀说："结束了，该干啥你干啥去吧。"我看着扮演那位款爷的英达脸上尴尬的表情，特别心有戚戚焉。所以，有那么几年我特别痛恨古籍拍卖。也正因为如此，我特别留恋那几年买书的好时光，那才是我买书真正的黄金时代。可惜这个时代太过短暂，我只能将它定格于记忆中，并且将这段记忆不断地虚化与美化。

那时的文运堂不仅是我的最爱，也是几乎所有爱书人的圣地。那段时间，我在天津认识了多位爱书人，其中最可爱的就是陈景林先生。陈先生时任长征医院办公室主任，他的好脾气使得他跟古籍书店内的店员均很熟悉，我每次在店中看书之时，如果突然听到一楼传来热烈的打招呼声，那必定是陈大夫光临，他那有着特殊音色的大嗓门总能招来阵阵笑声。可能是因为工作的原因，陈大夫购书的目标主要限于古医书，另外他还喜欢带插图的古籍，特别是晚清民国的石印插图本。这样的爱好跟我没啥冲突，可能这也是我们成为密友的主因之一吧。

陈大夫自称从 70 年代初期就开始买古籍，这可比我早了许多年，而且他还告诉我，本市爱书人焦从海藏书的历史比他还要早十几年。在陈大夫的介绍下，我得以认识焦老师。焦老师那时在天津地方志办公室工作，对一些善本的认识的确比一般人深刻，故而我买善本之前，也多向他征求意见。文运堂自然也是焦从海最喜欢的淘书地之一。他曾经写过一篇《十年前的津门访书地图》，文中提到文运堂："沿古文化街往南走，远远望见文运堂楼檐下悬挂的巨匾'册府'擘窠大字。店堂仿清式格局，无异于北京琉璃厂的来熏阁、邃雅斋、松筠阁等古旧书店，进店顿觉书香袭人。"焦从海将文运堂跟北京琉璃厂几家著名的古旧书店相提并论，也足见该店在爱书人心目中有着怎样的地位。对于二楼店堂内所陈列的书，焦从海文中有如下描绘："后厅里长长的一排书架摆放明、清、民国时期刻印的旧线装书，分经史子集四部插架。其中不乏版本讲究的精品。如明代正德刊《申鉴》、万历刊《汉书钞》、汲古阁刻本《酉阳杂俎》，清代康熙刊《百家唐诗》、雍正年刻本《陆宣公奏议》、乾隆一隅草堂顾氏刻本《白香山诗集》、嘉庆初刻《船山诗草》，民国年间影宋刻《唐人五十家小集》等书均可堪称善本珍籍。"

就天津古籍书店的历史来看，越早期的爱书人就越能买到更好的书，天津古籍书店老店员雷梦辰先生写过一篇《近代天津私人藏书述略》，这篇文章中提到许多著名的藏书家，其中讲到刘明扬时，文中称："1946 年在北京邃雅斋见得董金榜在山东黄县收得丁氏家藏明蓝格抄本白棉纸《册府元龟》一部（此书现在全国仅存宋刻残本综计 100 余卷，持宋刊本与现在影印之明刊校对，宋残本比明刊本多千余条。此部抄本与明刊之底本较早 10 年，但与宋刻多有符合，因可与宋刊比美）。解放后，由藻玉堂王振永及茹芧阁杨氏经手陆续卖出。1960年刘氏因病去世，遗藏归其妻王静宜陆续散售，截止'文革'后，其遗藏及明抄本《册府元龟》、明嘉靖刊本《盐政志》《大明令》《大明律》及皇明字样书计约数十种，全部所藏捐献北京图书馆。"

我关注刘明扬的旧藏中明蓝格钞本《册府元龟》，乃是因为前几年著名目录版本学家李致忠先生曾跟我提起，正是他到天津找到刘明扬之妻，进而将此书收归北图的。刘明扬所藏之书，我也曾得到数部，其中较为难得者乃是几部旧钞本，由此也可窥刘明扬藏书水准之高。

雷梦辰在文中还提到了一位叫陶洙（字心如）的藏书家，此人在红学史上有较大名气，因为他藏有一部旧钞本《红楼梦》。对于这部钞本，相关专家有着广泛争论，我对他的关心并非是这部书，乃是雷梦辰在文中提到的一件跟古籍修复有关的往事："心如书画之功，俱臻妙境，尝累抄古本，绘制插图，几可乱真。董康影印之宋版《周礼疏》，其中有缺页部分，是由心如据阮刻《十三经注疏》之疏文，摹仿宋刻本字体将缺页抄配齐全，后即以影印上版刻印，其抄配部分，非知其底细者均不能辨，时为书林佳话。其代人校刊之书籍中有，代其从兄兰泉校之《营造法式》，代天津徐世昌校刊之《清儒学案》。晚年将平生所藏陆续散出。"

陶心如将自己的书画功底转移到了古籍描润方面，没想到那么多的有名之书，里面竟然都有他的描绘之品。而陶洙既然是陶湘的从弟，著名的仿宋陶湘本《营造法式》也跟他有一定的关系，但这些掌故文中却未曾提及。当年大藏书家傅增湘也在天津，不幸的是他赶上了天津发大水，雷梦辰文中录有傅增湘给缪荃孙信中所谈到的受灾情况："昨在都，闻大水至，亟奔还家，人已四散，逃避无踪，追寻竟日，乃得相见。更以重价买舟，撑入寓内，水深 2 尺许，但不没阶耳。将宋元抄校各种计 40 箱运出。劳苦困惫，至不可言，有好皆能累此身，信哉言乎！"真是幸运，天津水大可以行舟，竟然没有淹到傅增湘所藏之书。而翁同龢的旧藏却没这么幸运，我曾买到翁氏旧藏的《翁方纲诗稿》，该诗稿按照翁同龢日记中的所载，原为四本册页，到我手上之时，已经泡成了散页。

看了前辈藏书家许多故事，而如今到了我辈却只能拾人余唾，总让人有落花流水之叹。不止如此，后来随着古文化街的改造，文运堂以及这条街上的几家书店都先后搬离。曹式哲在文中写到：

> 2001年5月至2007年11月间，古籍书店的南门里门市部、原古文化街文运堂和文林阁两门市部、烟台道门市部、和平路门市部、滨江道门市部相继拆迁，东搬西搬，动荡不定。由于营业面积锐减，图书销售急剧下滑，古籍书店的生存和发展受到了严重威胁，与此同时，图书行业内部的竞争愈演愈烈，更使古籍书店雪上加霜。

当时的文运堂以及天津古籍书店总店，一并搬回了烟台道门市部。此前的两年，我已返回了北京，故未跟随爱书人转移阵地前往烟台道，再后来，古籍书店办起了今古斋拍卖，因为里面有不少欲得之品，于是每到拍卖时节，我便赶到烟台道看预展，这就让我又接续上了跟天津古籍的因缘。

其实早在 1998 年，古籍书店就借天津国拍的名义举办过一场古籍大拍，可能是因为拍卖结果不理想，天津的古籍拍卖一场而终，后来天津又出现了几家搞古籍大拍的公司，但因为货源有限，都没能将这个行业做大。今古斋虽然也是借牌经营，但因为有强大的货源后盾，故此仍然最受爱书人的关注。

2015 年 5 月的某天，我再次来到天津，首先见了今古斋拍卖的经理尹振谦先生，我们又聊到了十几年前的古文化街，他说很遗憾当初没有多拍一些照片下来，而今那个店被拆多年，大家才觉得当时之可贵。于是我插话说，这也正是我现在拍照古旧书店的意义之所在，也许若干年之后，古籍书店又有变化，我的这些文字和照片就具有了史料意义。

烟台道的古籍书店，因为预展的关系，我已来过多次，但来去

对面的下半层为特价书

$\dfrac{1}{2}$

1. 二楼夹层全景　2. 二楼夹层里面销售的新印线装古籍

匆匆，从未仔细端详过店堂的布局，这次才看清楚。一楼大堂有一半的面积做了半夹层，下面卖的都是特价书，而在半夹层之上则全为新印线装书，这里的新印线装要比我在其他古籍书店看到的全很多，尤其特别的是每部书都由店员书写了侧签条，俨然享受了线装古书的待遇，由此亦可见出店员对自己工作的认真和敬重。

书店的三楼是今古斋的办公地点兼仓库，我在仓库里给这里的线装书拍照。尹经理告诉我，大半拍品都是靠征集来者。看来他的工作很有成绩，已经不再主要依靠店里的库存了。我到的时候，今古斋正在给拍品拍照，为图录印刷做先期工作。我请尹经理拿出几部特色拍品来观看，他的所选仍然是几部善本碑帖。由此可证，现今市场上的热点仍然是碑帖拓片，虽然我也有不少这类藏品，但我还是盼望着古籍能够重新翻身做主人。尹经理笑着说："别着急，好书还是有，等到市场缓过来，您就准备钱吧！"

今古斋拍卖公司办公区

$\dfrac{1}{2}$

1. 库房内景　2. 库房的另一角

店史未书　铁壶充数
太原古籍书店

　　大概是 90 年代初，我去太原出差时第一次来到太原古籍书店。当时这家店并不在现在的地址，而是在一幢旧楼之内，后来才听说那幢旧楼是民国时商务印书馆所建的分销处。我记得店堂的面积有上百平米，陈列的古书不少，忘记了是什么原因，总之在这里没有买书。

　　时隔十几年之后，我再次来到太原，那个时候古籍书店已经搬到了现在的解放路上。书店处在临街的居民楼底商，现代风格的居民楼下面却是黄瓦飞檐的仿古建筑，这种结合特别奇妙，也给来此寻找者带来许多便利——远远地就看到了这处独特的门脸儿。

　　由于工作原因，这几年跑太原特别频繁，有时候还需要在此住上几个月，因此古籍书店成了我最常去的消磨时光之地。古籍书店的格局分为里、外两套，外面的大堂主要是卖新书。从品味上讲，这些新书都属于专业的文史书，可见选书者颇具眼光。穿过大堂往里走是一个单独的小间，有三四十平米，里面基本上是线装书。那时的线装书都没有标价格，也看不到店员在旁边招呼，因此我一直不知道那个时候太原的古书行情是怎样的。大多数时间我只是在店

古今交融

堂内浏览一番，很少买书。

我在这里买书少还有个原因，就是该店隔壁是一家特价书店。十余年前，国内的特价书店很多，我喜欢转这种店，除了捡便宜的心理之外，还有一层重要的原因，就是在特价书店中往往能够遇到其他书店早已售罄之书。那个时候还没有"孔网"，网络购书也没有兴起，买书的渠道主要就是新华书店，但新华书店将某些书卖过之后很少会重新补架，尤其我所需要的目录版本学工具书更是如此。这类书的购者有限，因此有的书店上货量很小，售罄之后就再难买到了。而那个时候如果错过了买新书的机会，唯一有可能弥补遗憾的地方就是特价书店。但是特价书店所卖之书虽然折扣很高，却更多是花花绿绿的通俗读物以及盗版书，真正能从中间选出想要的冷僻工具书，也真需要下点儿功夫，多少也称得上是披沙拣金。

太原古籍书店旁边的这家特价书店却跟其他地方的很是不同，以我的眼光看，这家店卖的特价书确实品味很高，比如里面有很多上海古籍出版社出版的目录版本学专业书。这类书属于常销书，几乎很难遇到能有打折的地方，但这家店里却一律半价，让我觉得很不可思议。本来这些工具书我早已备在案头，然而这里如此便宜，再加上我在太原的临时住所中查书也不方便，于是每在此店见到新品种便必买一册，很快就在太原凑出了一套常用工具书。而最有趣的是，这些工具书在隔壁的古籍书店内都有售，并且全是原价。这种卖书方式，真让我想不通古籍书店是怎样完成任务的。

近二十年来，到古籍书店买古书，如果没有熟人，确实不是件容易事。遗憾的是，当我通过关系终于认识了太原古籍书店的经理原晋先生，他却转任了三晋出版社的社长，这使得我跟该店始终无缘。这家书店我去过几十次都不止，却始终跟它没有业务往来，这在我转书店的历史上极其罕见。但不管怎样，我跟此店有这等多的因缘，当然需要写一写。能想到的牵线人还只是原晋先生，于是给他打电话告诉他我想到此店采访的想法。原晋兄很痛快，马上给我联系了太原古籍书店的现任经理关志勇先生，使我这个采访得以完成。

2015 年初，我前往此店之前，先跟关经理通了电话，他在电话中本打算告诉我前往书店的详细路线，我告诉他，自己对此店之熟悉，哪怕是在黑灯瞎火的情况下都能找得到。他听后颇感惊讶。在店里见到了关经理，我本想跟他开玩笑：你是不是关公的后代？这不单是因为关羽就是山西人，还有一点就是，关经理名志勇，而关云长正是智慧和勇气合为一体的化身。但我觉得初次见面就拿对方的名字调侃，似乎有些不得体，于是就压下了自己这种恶作剧的念头，正经八百地向他请教店里的经营情况。

原来销售古籍的那间房里仍有一部分柜台摆着古书，在这间房的另一侧还有一间独立的办公室，那就是关先生的经理室。他把我请到里面，跟我聊到了现在古旧书店的经营困境。他说书店的经营方面还算正常，最大的问题是古籍货源。因为太原古籍书店归太原市新华书店管理，虽然店里有一些老的库存，但是想从中出库供应市场很是困难，并且书店的上级领导也对古书越发地看重，不愿意将积累起来的库存轻易卖掉。而现在征集又很困难，因为有了古籍的拍卖，太原即使有的人家中有古书，也都会送到拍卖会上，这使得书店很难征集到古书。

里间店堂中间也摆着一组柜台，里面还陈列着一些线装书。我提出要看一看，关经理用钥匙将柜台逐个打开请我拍照。陈列在柜台中的书约有几十种，如此看来，还是有一些古书在供应。关经理告诉我，这些书有些并不是店里的库存，而是书友在此寄卖者。即使如此，在我听来也是个好消息，这说明当地仍有一些藏古书的人

1. 古籍书店的老匾额放在了内厅 2. 精品书室入口

1. 精品书室全景　2. 里间就是关经理的办公室，门口的对联挂法有些特别

家。在太原藏古书的人，我仅知道郭维峰老先生一位，余外没有相识的书友。关经理告诉我，当地还有一些喜欢古书的人，他们有时也会来店里看一看。

在这间小屋的另一侧沿墙的柜台下方，还有一些古书，粗粗一看，也有近百种之多。这些书架在上方陈列的是一些新出版的线装书，有《全唐诗》《钦定四库全书》《石渠宝笈》等等。柜台上方还有一些带着楠木匣的精装书。

关经理陪我在店堂内四处观看，从那间小屋出来，又转入大堂。大堂的格局跟十年前基本未变，只是重新进行了装修。关经理告诉我，装修完成了还不到一个月，如果我在一个月前来此，很可

新印线装书

1. 这间小屋里面都是精品书　2. 把这一排柜台全打开后的样子

能无法进店拍照。店堂里挂着大横幅，红底白字写着："三个文化进万家，书香山西在行动"图书展。我还真不明白什么是"三个文化"，正想向关经理请教，却被旁边两个柜台里的铁壶却吸引了过去。

近几年艺术品拍卖市场中，日本铁壶受到了高度关注，其中一些稀见品种或名家所做铁壶的价钱都在几万元以上。我一直不懂这些实用品为什么能卖这么贵的价钱，朋友告诉我，这缘于现在喝茶人的讲究。但古籍书店里也摆着这多铁壶，多少让我感觉有些不合拍。关经理告诉我，这是山西新华书店系统的统一行动，因为总店给各个店都配了一些国内仿制的铁壶。我拿下几把细细观看，确实比前几年国内的仿制品要精致许多，这些壶的标价大多在2000元左右，比日本壶要便宜了许多。古籍书店现在重点卖铁壶，我一时的确有些难以接受。其实我也能理解，书店要经营，员工要发薪水，上级要利润，这一切必须让书店的经营者多动脑筋，广开财路。

两年之后，由于结集出书的需要，我准备改写此文，尤其想把太原古籍书店的店史增加上去。然而相应的材料我却搜集不到，只好继续给原晋先生添麻烦。原兄给我发来了林鹏所写《徜徉在古籍书店》一文，此文乃是"我与太原古籍书店的故事"征文的来稿。林鹏的这篇文章写得十分生动，比如该文的第一段是：

当年太原古籍书店在西肖壁的时候，牌子上写着收购古书。有一天我在店里看书，当我出来的时候，有一个人跟着我走上了街头。他在后面说:"这个同志,是不是有古书要卖? 我收购古书。"我说:"你是书贩子吗?"他说他只收购古书,不卖古书。我愣着,他说:"实话告诉你,我是花炮厂的,多年来我们就用中国古书做原料。中国古书的纸纤维又长又薄,可以卷得很紧,鞭炮放的时候声音特别响亮……你有古书卖给我们,不少给钱。"我听后心里很是反感。同时我忽然想起曾经有一个青年人对我说:"'文革'初期我当兵,在五台山做工事,就是挖隧道进入佛寺。和尚们都被赶跑了,我们就把经书拿来当手纸。我告你说吧,佛经的那种老棉纸擦屁股特别舒服,擦得也格外干净。"我们这里应该兴一浩叹,但是此类事情多得很,我们的浩叹兴得过来吗?

这段文字让人读来不知说什么好,然而如此鲜活的历史却给后世以警醒:没有文化是何等之可怕。关于此文的作者林鹏,原兄告诉我,乃当地著名书法家。林鹏文中提到一位陕师傅,据原兄说正是他师傅。"已故,祖上开药铺,人亲和,善小楷。"关于老陕的故事,林鹏在文中有这样的描述:

再说老陕。有一年经他手卖给我一部旧版的王念孙的《读书杂志》,上中下三册。只有上下,没有中,他也没有在意,我也没有在意。他用纸绳捆着交给我。我回家连纸绳也没解就塞进书架了。后来有一天看书,文中注到"见王念孙《读书杂志》",我想起来我有《读书杂志》,这才把纸绳解开,找那条引文。找了半天找不到,最后才知道,此书缺一册,没有中册,心中大怒。第二天找老陕，老陕说这事没有十年也有九年了，书店搬了两次家了，我到哪里给你找中册去？后来他说你不用发愁，新版的《读书杂志》很快就会到货，你再买一部不就完了？哈哈一笑完事。

看来老陕确实是经营古书的好手。关于古籍书店的历史，原晋还发给我一篇山西社科院的降大任先生所写《面貌一新古籍书店》。原晋在微信中告诉我，此文也是现任古籍书店关经理提供的。原兄不没朋友之功，由此可见一斑。而降大任在文中首先回溯了太原古籍书店的老店员：

> 说起同太原古籍书店打交道的历史，那可是有些年头了。记得我上中学的时候，课余常跑的地方就是古籍书店。至今所存一套单行本鲁迅作品，就是从那里一本一本凑齐的。那时是上世纪60年代，家中清贫，温饱难继，挤出余钱买书，实有长安居、大不易之感。然而，就这样，来来往往，同古籍书店结下了情感。店中的老曹（曹朴先生，版本鉴定家，1949前便是进步文化人，2002年去世，愿他安息）、老陕（已退休）都成了朋友，都是我古典文化启蒙的老师，我至今感激他们、怀念他们。

这段话中也提到了老陕，也许是他的姓氏太过特别，反而少有人提到老陕究竟叫什么名字。对于古籍书店的搬迁历史，降大任在文中又有如下简述：

古籍书店店址几经迁移，记得先在西华门，又迁南肖墙，又迁柳北，倒来倒去，现在到了解放路132号。在印象中，古籍书店好像是后娘养的不受待见的孩子，穷嫌富不爱，同北京中国书店的待遇不可比。店面逼仄，设施陈旧，很不起眼，总是见老曹手拿鸡毛掸子在书架上掸来掸去。但是，爱书人仍然络绎不绝，许多书友是在店中翻书时结识的。现在这些书友有的成了教授，有的成了学者，我算是文史爱好者，大概同他们一样受惠于此，从而走上了做学问之路。

不过这两篇文章都是在谈论与古籍书店的交往，却并未提供与书店历史相关的史料，为此我只好再次向原晋请教。他首先告诉我，太原古籍书店成立于1956年8月25日。而对于成立之前的状况，原晋直接称："没有人写店史。书店主要是合营了祁县渠家'书业诚'，听师傅说带过来严、孙两位职员，业务水平很高，很遗憾，我入职时，他们已过世了。"

如此说来，太原古籍书店主要是由解放前的旧书店"书业诚"转化而来者。而书业诚乃是著名的晋商渠仁甫所创建。当年渠家的产业十分庞大，主要业务是经营票号，也就是如今的银行金融业，票号名为"百川通票号"，对于该票号的经营规模，武殿琦、渠荣錄所撰《渠家大院主人：渠仁甫传》中称：

百川通票号是渠氏家族投资最早的票号，由渠源浈、渠源潮、渠源洛、渠本立合资创办。总号设在平遥南大街134号，开办于咸丰十年（1860年），至民国七年（1918年）歇业，长达59年。开业时的资本已无资料可查，歇业时资本为30万两白银。在太原、太谷、祁县、北平、天津、上海、武昌、汉口、沙市、湘潭、常德、成都、重庆、贵阳、昆明、梧州、广州、潮州、汕头、西安、三原等地均设有分号。

百川通主要经营汇兑、存放款业务。其中承揽官家业务较多，光绪二十三四年，广州巡抚曾将还俄本息4.2万两白银发交百川通汇解海关投纳。光绪二十六年，湖南巡抚曾将京饷13.7万余两白银转交百川通等九家票号解京。百川通还是最早与外商发生存放款业务的票号，也是最早使用电汇的票号之一。据估算，百川通在开业的59年中约分红600余万两白银。

渠家的商业帝国如此庞大，而其所经营者不仅有票号，更为有名的生意则是"长裕川茶庄"。关于此茶庄的情况，《渠仁甫传》中写道："长裕川茶庄前后经营近二百年，是晋商中开设时间最长、规模最大的茶庄之一，它一直是渠家的老字号。其前身叫长顺川，开办于清乾隆、嘉庆年间，光绪年间更名为长裕川，民国时由渠仁甫接管。"

长裕川茶庄曾经在全国有十几个分店，1949年后，此茶庄仍然在经营，后来经过公私合营，改建为太原磁厂。这两者之间的关联，有如脑筋急转弯。同时渠家还经营着药店、布庄，而对于旧书店的来由，《渠仁甫传》中有如下说法：

书业诚古籍字画店是渠仁甫在民国十二年（1923年）接收清代早期设立的、山西历史上最大的私人书坊——"书业德"而成立的，总号设在太原靴巷30号（2003年太原市政府定为太原市"文化遗存"予以保护），祁县设分号，主要出版刊印古籍，经营古籍善本与名人字画，附带文具、纸张，是太原有名的老字号。新中国成立后则以经营文具纸张为主，当时资本人民币六千万元（旧币）。1956年按当时的政策公私合营，并入太原新华书店，折合股金8024.87元。

看来，渠家商业帝国中的旧书业乃是靠兼并而来，而被兼并的原书店名为书业德，渠家买断后改名成了书业诚。再后来，到1956年公私合营时，并入了太原新华书店，由此而成为了太原古籍书店的前身。

渠仁甫为什么要将书店的名称改一个字呢？《渠仁甫传》中有如下解释："渠仁甫在其一生的商业活动中，始终坚持'诚信、仁义'这个最基本的商业道德。他亲手开办的商号，名称都带一个'诚'字，如湖南'诚记'茶号、'晋裕诚'布庄、'书业诚'古籍字画店等。他认为做买卖应该先义后利，以义制利，对当时有的商人见利忘义、唯利是图的做法深恶痛绝。"

渠家能够将生意做得这么大，全因一个诚字，所以他才会将此书店改变了名称。虽然有这样的改变，但渠仁甫并没有放弃德字，《渠仁甫传》中写道："职工个人或家庭遇到困难时，则多方接济，此类事例不胜枚举，就连职工的子弟有的也一包到底。如'书业诚'掌柜王利宾在创办'书业诚'时有功，其子王载明性情孤僻古怪，终身未娶，孤单一人，渠仁甫就将他安置在'书业诚'院内，并供其饮食，直至去世。"

1923 年，太原书业诚重新开张，渠仁甫给该店写了副对联：

> 书无尽藏，福地琅嬛钟惠业；
> 诚以将事，洞天清秘尝奇文。

这副对联中嵌入了书业诚三个字，而对于对联的解释，《渠仁甫传》中有如下说法："两联连贯起来，上联的意思是：任何藏书室都不可能收尽天下之书，但'书业诚'神仙般的藏书楼所藏之善书、好书，可赐惠于世人。下联的意思是：'书业诚'奉行诚信经商，恭请世人到此清静的仙境般的地方来欣赏好书好文章。"

从这副对联可以看到，渠仁甫对版本十分熟悉，他除了经营书，个人也藏书。而他的藏书情况，《渠仁甫传》中有如下简述：

> 他一生爱书如命，可以说"经史子集"陪伴了他一生。对珍藏的书籍，他爱护有加，抗战前分别盛装于黑漆的松木箱中，每年夏天都要下潮脑(祁县称樟脑为潮脑)。日寇侵占后，由于祁县"书业诚"同仁的抢救，书籍仍在木箱内，虽有损失，幸不严重。为了让这些珍贵的文化遗产得到很好的保存，不致再遭厄运，他决意捐献国家。由于当时堆放混乱，需要清点，工作量很大，所以捐赠之事一直延迟到1954年。先将其中477部11400余册(包括其已去世

之弟渠晋云的部分)，捐赠予祁县文化馆。又于1955年将其余的554部捐赠予山西省文史馆(现转交山西省档案馆)。

原来渠仁甫个人有这么大数量的藏书，不知道这些书是否得自他家的书业诚，而书业诚旧书店后来变成了太原古籍书店，想来该店经营之书中也应当有渠仁甫的旧藏。如今，太原古籍书店仍然在经营，因为货源枯竭之故，逼迫古旧书店经营他品，这个结果估计渠仁甫未曾料到。然而天下之事也不要太过绝望，说不定哪天在世面上又能出现渠仁甫当年收藏之物，到那时，此文的故事又将需要续写了。

西北重店　慎入拍场
西安古旧书店

　　由于历史原因，中国古旧书行业最火的地区主要是江南，当然，京津除外，因为是天子脚下，西北地区则相对较弱，这种格局一直延续到了今天。比较而言，西安古旧书店是中国西北地区我最为熟识的一家，它是否比以前曾经辉煌的成都古旧书店要大，这一点我不确定，但在业界一提起西北地区，大家会本能地想到西安这一家。

　　关于西安一地的古旧书概况，我最初是从田涛先生的《田说古籍》中得到了解。此书中有《北地寻书录》一篇，写于 1993 年 6 月。他曾前往西安古旧书店，在那里认识了经理张明先生，张经理给他拿出了几部书，看来是价格的原因，田涛未将其买下，而张明大度地一笑，认为买卖不成仁义在，第二天反而带着田涛转了几家私人旧书店，让他得到了一些心仪之本，这份因缘当然令爱书人垂涎。

　　关于西安旧书市场的历史，近期拓晓堂先生写了本《槐市书话》，将西安的书市追溯到了汉代。王新民先生所撰《西安书店漫忆》也持同样观点，该书中以《太平御览》所引的《三辅黄图》为证：

西安古旧书店门面

元始四年，起明堂、辟雍长安城南，北为会市，但列槐树数百
行为队……各持其郡所出货物及经书传记、笙磬器物，相与卖买，
雍容揖让，或议论槐下。

槐市中交易的物品有经书传记，故王新民在文中得出如下结
论："这说明在公元一世纪初，汉长安城已有固定的图书交易市场，
每月定期于朔（阴历初一）、望（阴历十五）两次开市，主要顾客
是诸生（读书学生）。可见，长安槐市是世界上最早的图书市场。"
如此说来，今日略显偏僻的西安曾经是世界上最早的图书市场，这
份追溯把今日中国所有热闹非凡的古旧书市场甩出去几十条街。

汉代之后的西安书市是怎样的情形呢？至少可以推论，作为大唐首都的长安，在那个时代应该是中国书市的中心，往后如何就很难说了。王新民在《走马书林》一书中将西安的书市由汉代讲起，而后将唐宋元明清一笔带过，直接谈到了中华民国时期的西安旧书店。

据史书记载，早在汉代，古都长安就出现了书市雏型——槐市，历经汉唐宋元明清诸朝代，西安的书市渐成规模，至中华民国时期，在西安南院门、东大街和北大街已集中了一大批书店，其中民营书店最多，如：南院门的大东书局、大成书店、亚光书店，大车家巷北口的七八家古旧书摊，北大街的张俊清书店、吉春生书店、辅世书店、经世书店，东大街的长安书店等，多达数十家。至今香火未断的西安古旧书店、澍信古旧书店仍在南院门原址上经营着，不过西安古旧书店已经解放后的公私合营而国有化。

看来民国年间，西安的旧书店有几十家之多，而后经过公私合营，仅余下了西安古旧书店。

关于西安古旧书店的来由，《全球攻略·陕西攻略》一书中有这样的说法：

西安古旧书店的前身是1908年由陕西早期同盟会成员创办的公益书局，新中国成立前西安古旧书店的名气就很大，很多名人、文化人都是那儿的拥趸，其中就包括张学良将军。

这段话称西安古旧书店跟公益书局有着直接的递传关系。《西安文史资料》第七辑上有一篇"公益书局",该文则讲述了公益书局的创始人及其具体的地点:

> 清光绪三十四年,同盟会会员焦子静和进步人士张拜云、吴宝珊三人,合资在南院门街路南租了三间木板门面街房,开设了一个书局,取名为"公益书局"。表面上是收购和销售各种古旧书籍、碑帖,兼售文具、纸张,实际上它是陕西同盟会秘密进行革命活动的据点。因为这里地方窄狭,来西安聚会的同志不够住,招待有困难,遂另租了竹笆市一所街房。时间一长引起了官方的注意,风声不好,房主不让书局续租,焦子静便自己出钱在南院门街路南,买了一所三间门面带一个大后院的房子(即今南院门街门牌108号"古旧书店"地址),街房开书局,后院办起印刷厂,办理一切印刷事项。为了避免官府注意,遂将原"公益书局"改名为"含璋书局"。过了年余又改名为"酉山书局"。

由这段记载可知,西安古旧书店只是使用了曾经的公益书局的店址。对于公益书局的结束时间,该文中有如下交待:

> 辛亥革命后,"酉山书局"在陈树藩督陕和宋哲元驻陕时,曾先后三次因故被封,旋又复业。到一九三二年左右,该书局仍承印景梅九办的《国风》报和《出路》杂志等。以后酉山的生意逐渐萧

条，焦子静遂将书店房屋租给"亨达利"钟表店，印刷机则搬到竹
笆市南头路西杨茂三开的酱园内，将酉山书局的牌子挂在酱园门
旁，只承印书本传单等。抗日战争初期，焦子静为帮助抗战宣传，将
印刷机器交给《西京平报》使用，不收租金。从此酉山书局的事业
全部结束。

看来，公益书局曾经两次改名，然而在抗日战争期间就已停业，西
安古旧书店成立于上世纪 50 年代，两者之间相隔了几十年。从这
个角度来说，公益书局似乎与今日西安古旧书店并无传承关系，因
为在公私合营之前，这家书局已经不存在了。

　　但不知为什么，直到现在，还有不少专家学者都把公益书局视
为西安古旧书店的前身，比如理洵先生所撰《西安的旧书店》一文
中，第一个写到的就是西安古旧书店，谈到古旧书店的前身时，该
文中有如下介绍："其实古旧书店是一家很有名的老书店，它的前
身，可远溯至 1908 年成立的公益书局，后改名为酉山书局，由陕
西早期的同盟会成员焦子静、张铣集资创办，经营书报纸张，还开
有印字馆，同时亦为同盟会的联络地点。解放后的 1955 年，西安
城内数十家私营个体旧书店、古旧书店经过整合，成立了西安古
旧书店，1958 年并入西安市新华书店，是西安城内唯一一家经营、
收购古旧图书的书店，经营地址仍然在南院门的酉山书局，酉山书
局此前地址由竹笆市而南院门，亦有变化。"

　　细读理洵的这段话，仍给我留下如此的印象：西安古旧书店只
是用了当年公益书局所在的旧址，因为我还是没有读到两者之间的

传承关系。

马彦翀、师子敬撰有《焦子静的革命活动》一文，文中首先介绍了焦子静的生平履历，其中当然也谈到了公益书局："公益书局。这是子静和张拜云、吴宝珊三个合资开设的。对外名义上是经营书报、文具、纸张业务，附设公益印字馆，办理一切印刷事项。书局开始设在南院门，是一座三间门面的铺面房。因为往来人杂，接待同志，感觉不便，以后就迁移到竹笆市。房屋既多，内部设置也便于联络。书业部门，由刘俊生任经理；印刷业务，由师子敬负责。所售书报、纸张以及印刷材料，都是从沪、汉运陕经销。在由外进货时，就把外埠革命刊物，如《民报》、《心理学》（内容是宣传革命文章的汇集，外面标此名称，以去人疑）、《铁券》（革命著作名称）、《饮冰室文集》和一些官府查禁的刊物都由书局夹运回来，然后分发各地同志。书局在上海还设有庄号，经常代购代运。"

这段叙述只是讲述了公益书局的性质及其经营状况，并提到该书局在上海设有分号，但无论其总部还是分号，都查找不到1949之后，尤其到1954年之后公私合营时期的情形。难道，西安古旧书店另有源头在？

于是我重读理洵之文，果真发现另外的线索："除了酉山书局，还须说说并入其中的阎秉初和他的父亲阎甘园开办的和平古旧书店。阎甘园蓝田人氏，字画皆好，为清末民初西安文化名人，鲁迅1924年来西北大学讲学时曾会见过他，且非常投缘。阎秉初则受其父影响，深爱古玩字画，并开店经营，解放后还创办了和平古旧书店，西安古旧书店后来经营古籍字画的业务，是和和平古旧书店分不开的。"

理洵的这段话说得比较含糊，这里提到了阎氏开办的和平古旧书店，而后称西安古旧书店的业务经营跟此店分不开。为什么将这两家书店扯上关系呢？文中并未交待。不过宗鸣安先生在《西安旧事》却给出了如下明确的说法：

> 现在西安仅存有一家专业的古旧书店，即南院的古旧书店。这是有着迈七八十年历史的老书店。最初的店子是由著名的古物收藏家、画家阎甘园创办，由其子阎秉初先生长期经营。1956年时，由于商业的合作化运动。西安市内的几家旧书店如阎秉初、澍德书店等合并成西安古旧书店。1958年被并入西安市新华书店统一管理。

由此我大致明白了关于西安古旧书店的源头为什么有两种说法：古旧书店成立之后，所用的店址乃是当年公益书局开办之处。古旧书店的来由则跟全国其他地方一样，乃是由多家私人书店合并而成者，其中就包括和平古旧书店。而这家名为和平的书店，在合并时恰好正用着当年公益书局的旧址。

关于西安古旧书店原本的状况，宗鸣安在《西安旧事》中有如下描绘：

> 西安古旧书店是一座旧式的两层小楼，坐南朝北。书店大门两侧是旧式的橱窗，玻璃也很宽大，这在过去的西安城内也是少有

的漂亮。靠东边的橱窗里常展示有古字画和碑帖。记得上个世纪七十年代初，东边橱窗内挂有一轴毛公鼎的拓本，旁边还有清代大书法家何绍基的手迹。西边橱窗内则是精美的善本书，错落摆放着，似乎记得有明代汲古阁的十七史等等。

通过这段描写，我能想象得出当年的西安古旧书店是何等壮观。但不知为什么，在上世纪 60 年代，这里有一度改变了名称：

> 1962年时，当时的副市长张锋伯提议将古旧书店改名为"南院书屋"，并亲自题写了店名。"南院书屋"名字确也够文气的，也有一定的寓意，但作为经营性场所的名称似乎有些太隐讳，太含蓄，不能明白表示出经营者的特点，不久就又恢复了原来"西安古旧书店'的名称。

还好，这个名称最后又改了回来，否则的话，让人听上去总像是某人的私家藏书楼。这么漂亮的西安古旧书店，后来却几经搬迁，理洵文中简要地提到了该店搬迁过的几个地方："在上世纪 90 年代初期，西安古旧书店因为修建老房子，也搬过几次家，北柳巷、案板街，后来还是回到了南院门。而即使都在南院门，前后地址亦有微小的变化。我最初去的时候，是一栋有关中建筑特点的老房子，大瓦房，在老市委正门偏南西侧，面朝东；城改后，向南移了一点，占据了临街一栋居民楼西北角的一层和地下室，和老市委对门，面朝北了。"

俗话说，树挪死人挪活，书店也应当越挪越红火，但若是被迫挪，恐怕则是另一番情形。这几次搬迁中，1996年的那次就很不美妙，薛冰先生在《西安淘书记》中写到："大约是南苑街旧城区改造，古籍书店的原址也划定在改造范围之内。古籍书店的工作人员，纵然多少会沾染些书呆气，也不至于呆到想做阻碍历史前进的'钉子户'，故而对于拆迁并无异议。遗憾的是，提供给古籍书店搬迁的新址决不适合经营古籍，且书库居然是潮湿不通风的地下室，所以书店要求调换。"

原来旧城改造也牵扯到了古旧书店，既然是公家单位，当然要听相关部门的安排，可惜的是，给书店安排新址之人不知道古书不能放在不通风的地下室内。为此书店也向相关部门提出了申诉，但申诉结果却大出所有人的预料："然而城区改造兹事重大，关系到历史文化名城西安的市容市貌，一个小小不言的古籍书店竟然不识抬举，不免弄得天怒人怨；负责拆迁的公司首先就看不下去了，于是不待书店迁出，就果断采取促进举措，派了工人奋勇上房，将整个房顶都给掀掉了，只留下一层天花板让书呆子和书们遮太阳，算是发扬革命的人道主义；老天爷还觉得这未免太便宜了他们，于是不出太阳，改了连日下雨。薄薄一层天花板如何挡得住雨水？我踏进书店时，店堂里正布起了八卦阵，地面上诸葛孔明七星灯似地摆满了大大小小接水的盆，书架上蒙着云山雾罩的塑料布，收款台的上方倒悬莲台般支开了一把伞……只有一小块'安全地带'，架了一张台子，码放着若干新印古籍坚持着营业。我才一开口打听，店员们便纷纷诉苦，也算是争取舆论同情；无奈我辈读书人自知人微言轻，只能表示道义上的支持，而买书的打算也就只能付之秋水。"

有关部门这样对待古旧书店，岂止是简单粗暴，但正如薛冰先生所言，读书人面对此况除了痛心，也只能徒唤奈何。虽然看到了这样令人不愉快的文字，但古书对我的诱惑力实在太大，更何况田涛先生的那篇《北地寻书录》里描写的状况实在诱人，读罢，我顿生投鞭渡江之意。当然，这是玩笑话，那是帝王们的心态，但作为爱书人，就我所结识的铁杆书痴们，个个儿都有着人心不足蛇吞象的执拗，我当然不能免俗。

十余年间，我已记不清是第几次来到西安，但前往西安古旧书店却是印象中的头一遭，当时是李欣宇先生带路。欣宇自从认识我后很是吃亏，因为我每次来西安，必要给他添麻烦，他却不辞劳苦地替我安排各样的杂事，我一直试探不出他的底线：究竟要到什么程度，他才会忍无可忍？但那趟行程，对我而言，确实是很愉快，不但让我第一次来到了这家著名的古旧书店，同时还在这里买了一批书，并得以结识该店时任经理张明先生。

张明经理跟欣宇关系不错，所以第一次见我就允许我到古旧书库内参观。其实我觉得自己的心态也很怪异，每到一店总想进店里的仓库窥视一番，其实大垛大垛的书走马观花一遍，任何细节都看不到，但不知什么原因，我只要走进这书堆之中，就会莫名兴奋，因此我进书库更多的原因，是满足一下自己的心理需求，其实没有太多的精确目的。但近几年，这种心态有变，进书库拍照更多的心思是为了满足读者的窥私癖，因为店堂里的情形爱书人早已熟悉，探索未知的处女地，应该是人类心底生生不息的原动力，能够拍到这样的照片，确实是让师友们大呼过瘾，而我也在这个叫好声中有了微醺的得意。

自从那次结识张明经理后，这些年也有着时断时续的联系，但总体感觉，他对我是否买书没有显现出太大的热情，不过他的这种态度我早已习惯。国内的古旧书店经理我认识不少，基本上都是这种态度：来买书欢迎，不买书更欢迎。这也正是古旧书行业跟其他商业相反之处，个中原因，可能还是货源有限所致吧。新书或者说新的其他物品，都可以源源不断地生产出来，古书却是一个恒定的量，它只会随着时代的前进而慢慢减少，当然，我所说的古书不包括寻常所见的旧书，也就是西方所言的二手书，因为任何新书最后都会变成二手书，再加以岁月，就变成了旧书。但中国的古书，更多的所指是线装书，这种形式上的绝然变化，使得古书成为绝响。虽然如今市面上也有不少新的线装书产生，但那些属于仿古品，跟真正的古书还不是一回事。

惜售虽然是古旧书店经理的共同心态，但比较而言，我觉得张明经理更甚。我自打十余年前买过一批书后，再未从西安古旧书店里得到过任何的书，为此我曾跟欣宇抱怨过这件事。欣宇安慰我说我当年第一次到店就能买到线装书，张明已经很给面子了，因为他们当地的书友来此买古书，也大多是等到有书市时才有可能。既然如此，那我也就知足吧。

到了 2016 年的 6 月，我再次来到西安寻访，第二次来到了西安古旧书店，此次仍是欣宇兄带我前来。来到熟悉的门前，看到了熟悉的店堂，又见到了还算熟悉的张明先生，这真没有一点儿新意，正应了那句老歌：星星还是那个星星，月亮也还是那个月亮。虽然如此，我还是希望在这里能够看到改变。

一楼店堂的格局基本没有变化，这里的陈列基本上是新出版的文史书，侧面墙则是线装书专区。这里所说的线装书，当然是新近出版者。在一般的书店中，哪怕是新印线装，也仅是数量很少的阳春白雪式的点缀，而到了古旧书店，一看就是一大排，看来这些年出版的线装书数量并不小。我好奇是哪些社出了这么多的线装书，翻看一过，出版社的名称还是那几个老面孔，看来在这方面有所突破也非易事。

一楼店堂书籍的分类清晰而明确，每一个版块都会用一块铭牌标示出来，比如"书法碑帖"、"国学经典"、"连环画"等，而"古籍精品"区则是一排红木书架，这个版块的书用玻璃门锁在了里面，然橱内却不过是现代精装本。总之，在一楼的店堂里看不到一流的古书与旧书，甚至二手书也没有。

跟着欣宇进入书店的地下一层，这里的营业面积我感觉比楼上还要大。地下一层的店堂分为两个版块，主要区域是寻常所说的二手书，也有人将其称为"旧平装"，其实这个版块的书里有很多是滞销的新书。另一个小区域才是真正的古书和旧书，这一带用柜台隔了起来，看来是非请莫入之地。

进入这个区域，来不及浏览，我先跟着欣宇去见张明先生。他的办公室在店堂的另一侧，十几年后的第二次见面，我感觉他一丝都没有变化。他闻言也笑着承认这一点，说这缘于自己的心态好，因为搞了几十年的古旧书经营，已经看破了社会中的起起落落，让

1. 成捆的二手书　2. 橱内锁着的是真正的线装书
3. 浏览一过，还是有不错的版本

他很想得开。他跟我说自己在书店的几十年，最大的收获就是没挣到多少钱。这句话让我跟欣宇都有些意外，他接着解释到因为自己没钱，所以就少了许多的麻烦和烦恼，人有了钱就会去想用钱来生钱，就可能有去参加非法集资等行为。他的这种因果关系倒真是与众不同。

在张明先生的办公室落座，首先聊起的是他的经历。因为我知道他参加过上世纪80年代初的古籍培训班，那个培训班对中国古旧书业影响巨大。到了90年代，我所认识的各地古旧书店经理，大多数是参加过那场培训者，故而业界把那场培训比喻成"黄埔一期"。我问张明先生这件事为何如此重要，他却更正我说"黄埔一期"的说法其实并不准确，因为早在此之前的1957年，就举办过类似的班，所以1983年开办的培训班，虽然意义深远，却无法称为首届。但张明也说1983年那班对中国古旧书业确实意义重大，因为那是改革开放初期，老一代的店员都渐渐面临着退休，而新的店员对古旧书行业了解不深，因此这个培训班举办得恰逢其时。他同时告诉我当初培训班的学员，其实都是各地古旧书店重点培养的年轻人，而后这些人都成为了古旧书行业的中坚力量，并且相互之间的关系处得都很好。

张明又告诉我，近几天成都古旧书店经理张启政先生正发出号召，邀请当年参加过北京培训班的学员到成都去聚会，张明也很想前往，但正赶上父母身体不太好，不敢出门，为此他觉得很是遗憾。

我向张明提出的疑问之一，就是他为何不愿意出售古书，虽然这是他们这个行业的通性，但我还是想听他如何做出解释。因为我的遭遇不是个案，西安资深藏书家宗鸣安先生也曾遇到过相应的情况，他在《西安旧事》中形象地记录了这样一件小事："我曾看到一部明版的《宣和博古图》，白纸，大开本，里面很多古代器物图案。我当时并不懂版本的价值如何，只是觉得那些图案画的精细，很有意思，就顺便问了一句：这书多钱？这时正好一位年纪稍大的营业员从旁边走过，他看了看我们这帮小年青，赶忙说：这书不卖，这是给人家学校图书馆留的。那时，西安古旧书店有一个经营口号叫：'对口供应，区别对待。'"

对于我的提问，张明并未直接回答，他只是说自己明年就退休了，他在1978年进入此店工作时，年仅20岁，那时店里员工的平均年龄是52岁，因此他很多观念都是受那些老员工的影响。他不仅跟着老员工学到了许多版本知识，更多者是他从他们身上懂得了对古旧书的敬畏。在古旧书店工作的员工，大多会感到心理上的充实，因为经营旧书跟经营新书完全不同，经营新书更多是一种营销，而经营旧书则需要太多的文化积淀。

这么一说，我渐渐明白了他的心理：因为了解而对古书产生了爱，又因为这种爱而产生了难以割舍之情。赵长海所著《新中国古旧书业》中有一篇"西安古籍书店老店员——高峰"，此文中提到了高先生："1949年4月，他进入三联书店开封分店做职工。是年9月，他受组织派遣到西安筹建三联书店分店，从此终生结缘图书发行工作。"高峰进入书店业只是由于工作安排，而后他却爱上了这份职业，"1957年4月，当时的文化部副部长郑振铎来西安，曾到西安各古籍书店选购图书，郑振铎对古籍了如指掌的熟悉程度，使当时在场的高峰钦佩不已，内心受到强烈震撼，由此奋发学习古籍知识"。

正是由于对业务的刻苦钻研，高峰成为了古旧书业的行家里手："经过刻苦努力学习和大量实践，高峰逐渐成为古旧图书发行方面的行家里手，1958 年，陕西师范大学图书馆建成，馆长慕名特地请高峰代购了 5 万多册古籍图书。随后，汉中大学成立，他又应邀为这个学校采购送书，帮助建立图书馆。1965 年，他又协助陕西省委党校鉴定估价了孙定国的全部藏书，使这个图书馆充实了古籍的收藏。"在此后的工作中，尤其在"文革"期间，高峰为了保护历史典籍，付出了大量的心血："其中仅从学者党晴梵、姚方卿两家抢救出来的书籍就有一万余册。为了避免更多的图书被毁于一旦，他还多次跑到废品站和造纸厂，从堆积如山的破书碎纸中挑选出二万多斤书籍。"

如此爱书的高峰先生，却年仅 59 岁就因积劳成疾而去世了，让人感慨的是："高峰去世后，家人在其遗物中看到一份 1983 年他写给组织的工作报告，其中有：'趁此机会，请求将来死后能把我的骨灰盒存放在书库不碍事的角落里，这是我的心愿。'一位忠于图书事业的老发行家的拳拳之心，于此可见一斑！"死后都愿意拥书而眠，这样的爱书情怀怎能不令人感佩。

对古书抱有难以割舍的感情，不仅是高峰那一辈人如此，在张明这里也同样如是。张明告诉我，卖书很容易，收书却很难，因此书到手后，就总不愿意再将它售出。但他也知道书店是经营单位，只有卖书才能生存，有时还要执行上级的命令对外卖书。欣宇闻言，立即讲到了他在西安图书大厦买到的那批线装库存。张明说2000年西安图书大厦建成后，专门开辟了一处古籍展销专区，上级要求古旧书店拿出一批书来充填此处的展销专区，于是店里就拿出了一百多包古籍旧书，摆满了古籍馆里的30多个书架，几年后古籍展柜撤销，书再回来时就零乱了很多。因此，张明认为成批地向外出库存，很容易令古旧书店伤筋动骨。

除了执行命令不得不成批出库，张明说还有一个伤及书店库存的事情，那就是店堂的搬家。他说每次搬家都需要将库存全部打包，到新地方重新拆包时，必会将一些书拉乱，全本与残书价格相差很大，而店里又没有那么大的场地将这些书配成全套。用他的话说，搬一次家就泄一次气。

但张明也说，他经营了大半辈子的古旧书，书的聚散已经看得太多了，渐渐也就想开了，所以他更在意流通过程本身，而今还有人能够喜欢古书，他已经觉得很值得欣慰。他从1985年就当上了主管业务的副经理，到2007年又成为了店里的副书记，这些变化都让他的心态很是平和，因为他觉得担任什么职务并不重要，他更为看重者，是自己的大半生都在跟古旧书打交道。但他也感叹因为古旧书行业资源的枯竭，使得后续的年轻人少有机会再接续行业的内在培训。比如配书这个看似简单的活儿，其实操作起来并不容易，他当年进入这个行业首先学的就是配书。张明向我讲解了配书之不易，认为进入古旧书行业要学的第一功夫就是配书。当然，他所说的配书指的是古书，而今已经没有那么多的古书可配，又如何让年轻人学会这个本领呢？他说这句话时，我听到了他轻轻的叹息声。

二十多年前，古籍走进了拍场，各家古旧书店都会拿出一些相应的拍品，并将所售之书贴上或者盖上本店的价签，因此在拍场上翻阅古籍，一眼就能知道某部书来自哪家店。当然这种判断方式并不是百分之百准确，因为也有一些古籍是店里卖给私人，而私人又送拍者，但这毕竟是拍场中的少数分子，因此以价签来判断某部书是哪家古旧书店送拍者，大多数情况下都能成立。但是，我在拍场中却很少看到西安古旧书店送拍之书，我问张明这是什么原因。

他说从 90 年代初期开始，该店就跟拍卖公司打交道，所以他对古籍拍卖很是熟悉，很少送拍的原因是因为有其他顾虑。张明说各地古旧书店的情况并不统一，有些店是独立经营单位，但有一些却归属于新华书店，西安就属于后者。西安古旧书店一直是西安新华书店的二级店，因此拿库存古书上拍，无论拍多拍少，都担心有人说闲话。在这种情况下，张明并不愿意从库中拿出善本来上拍，他只保持着跟拍卖行业的接触，以少量拍书来弥补经营费用。

谈到书店的现况，张明说集团的意见是基本上不要再卖库存，但是新收的古书还是可以出让，但现在收书很难，因此对外出售就变得更少了。张明觉得古籍以拍卖的方式流通，缺乏了人跟人之间的感情交流，他认为古旧书行业不能太过唯利是图，应该看重书店跟买书人之间的交情。张明还聊到了黄永年先生，他说黄先生曾给陕西师大古籍所买过不少线装书，但黄先生自己却不买，因为他觉得价格贵，同时能看得上眼的古籍又太少。

谈及售书给公家，张明表现出了少有的后悔之色。他说从 50 年代开始，各地古籍书店都本能地认为把书卖给公家才是最好的归宿，因为这可以让更多的人来使用这些资料，而私人买书则仅供自己使用，显然不利于知识的传播。这种观念一直影响了古旧书行业几十年。对于张明的这个说法，我深有体会。那时北京琉璃厂各家古籍书店都会把善本首先提供给各地图书馆，其次是卖给持有各个厂矿机关介绍信的人，最后才会卖给私人。当时有聪明的朋友就是拿着公家的介绍信去买书，我却没这个门道儿，除了羡慕嫉妒恨，也只能眼睁睁地看着好书被他人买走，因此张明的这番话特别能引起我的共鸣。但以他那一贯的正统，为什么对这件事却有了悔意呢？

张明说有悔意者不止他一位，这是近年来这个行业经营者的共同反思，因为大家到现在才明白，这些书卖给公家后，就再不可能卖出来，所以卖给公家的书越多，市场上能够流通的古书就越少，这也是今日古旧书货源枯竭的主要原因。而私人手中的古书，早晚都会重新卖出来参与市场的新一轮循环，并且这个循环过程正是古旧书行业赖以生存的基础。

面对此况，我问张明怎样看待古旧书行业的未来，尤其在近几年，因为网络的冲击，很多新书店纷纷倒闭，古旧书行业又存在着货源枯竭的问题，是否会比新书店倒闭得更快呢？张明不认可我的判断，他认为新书店的倒闭是经营上无特色，而古旧书行业因为有其特殊性，就更不可能受网络的影响而倒闭。总体而言，他对古旧书的后市看得很光明，认为这个行业是跟着人走，更确切地说，是跟着懂行的人走，因此古旧书店只要树立起来口碑，绝不会因为网络化而受到冲击，相反，古旧书行业借助网络会变得更加受到人们的关注。

济南古旧书店

　　到达济南的第二天，周晶先生与齐鲁书社的刘玉林、武良成两位工作人员共同带我探访了济南古旧书街。当天是武良成开车接我前往济南古旧书店。在酒店门口，见到了一同前来的古旧书店经理王萍女史。王经理递上的名片上面并无"古旧书店"字样，而是印着"济南市新华书店山大书店"。王经理解释说，此处原本是新华书店的下属门市部，因为临近山东大学，故名为山大书店。而以往的古旧书店已经停业多年，去年刚恢复这个品牌，于是就把山大书店直接改名为古旧书店。

　　前一天晚上，山大的杜泽逊老师及其夫人程老师来酒店接我去杜老师主持的校经处跟同学们聊天，我记得在山大附近时看到了这家书店。然而白天所见与晚上感觉还是不同。古旧书店处在山大南路的丁字口上，正对着山大供汽车出入的校门。从外观看，这座三层的楼房颇具现代气息，正门写着"山东大学出版社书店"，楼的一角则挂着新华书店的匾额。我不清楚是新华书店占了山东大学出版社的一部分，还是反之。走到新华书店门前，方才看清，"新华书店"的匾额下方还有一个匾额，上书"济南古旧书店"。

古旧书店处在此楼的侧旁

　　步入店堂，一楼面积不是很大，感觉一百余平方米左右，正中悬挂着"喜迎十九大，重点图书展销"的横幅。门口摆放着一些重点图书，我看到有几本拙著也放在桌上，不清楚是因为我的到来临时摆放，还是原本如此。一楼店堂从整体上看为纵长形，前方与右侧全是到顶的书架，左侧和楼梯下端出售的则是一些学习用品。在店堂的正中摆放着三排书架，站在那里浏览一过，既有新书，也有

名家出版社

二手书，其中中华书局、三联书店等名社均为专架，二手书的分类未能看出规律，仅见书架上贴着"旧书"二字标签。

　　沿着楼梯登上二楼，在楼梯拐弯处看到了著名的《汲古阁图》，此图为国家图书馆善本部所制，还原色彩颇为逼真，在此得见该图，颇感亲切，果真如黄尧圃所言"如逢故人"。二楼店堂入口处摆放着三个红木书架，一眼望过去，里面陈列的全是线装书，让我很想立即上前翻看。然而这时旁边过来几个人，王经理介绍说，她事先在书店的读书会内发出了我前来此店的消息，有不少书友想来见面，因她事先未来得及征求我的意见，担心我有事安排，故仅约了几位资深书友前来。国营书店而办有读书会，这在我访过的其他

汲古阁图

读者阅览区

国营古籍书店中还是头一次听说。我与这几位朋友打过招呼，请他们等我拍照完毕后，再坐下来聊天。

就整体面积而言，二楼的店堂要比一楼大许多，线装书架的前方乃是经理的写字台，右侧则是由一张长条书桌和几把仿古坐椅组成的"阅读区"，看来是特意留给读者读书之用，颇有传统旧书业的风范。我注意到书桌上摆放着鲜花及水果，还有我的两摞书，我感谢了王萍经理的热情招待，而后将店堂内的书架一一看过去。二楼不仅有古书，还有不少的新印线装，这种情形已然是各地国营古籍书店的标配。

接下来我又请王经理打开书橱，拿出一些不错的版本进行拍照。就整体而言，在这里未看到明刻以上的版本，但有些清刻本也

《原富》书牌

颇具特色，比如严复翻译的亚当斯密的《原富》，此为初刻初印之本，虽然刊刻年代并不早，却系难得之书，而孙诒让的几种经学著作也同样稀见难得。

拍照完毕后，坐在阅读区与几位书友聊天，有人带了几部线装书请我鉴定，从版本而言，这些书谈不上珍稀，但能在这里见到私人所藏的线装书，还是觉得颇为惬意。与这些书友们边看书边聊天，人间清福也不过如是了。此时周晶老师也赶了过来，他带来了几十年前济南古旧书店给他的回信，信封上的邮票是上世纪50年代所发行者，信封上印的电话号码仅是四位，打开信封，里面信札的落款是1960年2月10日。

周晶介绍说，那时古旧书店的店员对读者特别热忱，他当时是写信问书店有没有他想要的几部书，没想到书店还认真地给他回了封信。周晶说，几十年前，他只要有时间就来此处买书。说话间，他又拿出来两个不同时期的济南古旧书店贵宾卡，据说是用来打折的，其中一张贵宾卡的编号竟然是001，可见当年的周晶应该是此店最重要的读者。

关于济南古旧书店，我与之接触的时间很晚。记得十几年前，我来济南开会，在一座图书城内看到了古旧书店，当时仅转了一

书友拿来的书

圈，并未买书。几年前从谢其章的《搜书记》中看到他专程跑到济南古旧书店买到了一批老杂志。他在文中介绍说，当时此店正在搞迎春展销会。每到年节，全国各地的古旧书店都会从库中拿出一批鲜货打折出售，以此来答谢顾客。一般说来，这样的展销会乃是每个爱书人盼望已久的节日，虽然我到各地参加过多次这样的展销会，但济南的这一家却未曾参加过，也正因为如此，我跟该店没有交集，这真是个遗憾。

那天在阅读区跟众位书友交流心得，大家也都很关心各地古旧书店的情形，有两位读者买书的历史不比周晶先生短多少，他们也参加过外地的展销会，他们所说的地方其中有几处我也未曾去过。可惜近十余年来，这种爱书人的狂欢节已然消声匿迹，而众位书友回忆起当年的情形，全是一脸的幸福，颇有"白头宫女在，闲坐说玄宗"的意味。一念及此，突然觉得自己心态也变得老了许多。

关于济南古旧书店的历史，我了解得较少，于是我问起该店是否有店史介绍资料，在座的一位名叫凌济的先生立即送给了我一本吕长源所著《书林史话》。凌先生告诉我，本书中有几篇文章谈到了此店的历史，我可以拿去参考。旁边的武良成先生向我介绍说，凌济先生藏书多年，对黄裳的著作特别感兴趣，前一度编有《黄裳手稿五种》，在齐鲁书社出版了，颇受爱书人所喜。而凌济先生现场拿出一把空白的折扇，让我在上面题字。我颇感为难，奈何受人之书，只好歪歪扭扭地在扇上涂鸦几字。

王萍经理闻我所言，递给我几页打印纸，上面乃是古旧书店历史的简介。此简介中写道：

济南古旧书店成立于1956年7月，是将古籍门市部改建为公私合营，当时叫济南古籍书店，济南古籍书店经理鞠质夫为私方代表，副经理尤全禧为公方代表。1959年1月转为国营书店，改为济南古旧书店。期间先后收集各类古旧书50余万册。其中有宋刻本的《雷峰塔藏经》《杜工部草堂诗笺》等8种，海源阁藏《史记》等元刻本5种，稿本书、孤本书20多种以及《大明会典》、万历刻《本草纲目》等珍贵历史文献300多种和山东地方资料1500多部。

当年的济南古旧书店竟然收到了数量如此之多的古旧书，如今真可谓风流不再，因为我到各地古旧书店听到的声音都是收购方面的困难，卖书反而不成问题。该店曾经收到五部海源阁的元刻本，想想都令人生羡。除此之外，简介上还写道：

　　1961年收购到一部手抄本《聊斋志异》，经鉴定是一部难得的珍贵资料，送交省出版社后由齐鲁书社据此整理出版《聊斋志异》（二十四卷抄本）在全国发行。还有清康熙间泰安真合斋印刷的磁（瓷）活字版《蒿庵闲话》，是国内少见的一种版本，为研究我国出版史提供了新资料。

蒲松龄原本就是山东人，能在这里收到《聊斋志异》的早期钞本当然不意外。其实二十年前，我在天津古籍书店的善本库中也曾看到一部相类似的书，乃是晚清民国间石印本的底稿。可惜店方把那部底稿看得太重，说什么也不卖给我，而今那部稿本也不知道哪里去了。

王萍经理另外还给了我五页打印纸，上面列出的是该店的十大镇店之宝。我去过多家古籍书店，从未见有一家会有如此做法，感到十分新鲜。翻看这几页纸，排在"十大"第一部的乃是明刻本《荆川先生精选批点史记》，并且注明"扉页有贾恩绂佩卿披读之编"。看来这是一部名家批校本，可见该店还是对名家手迹看得最重，因为镇店十宝之三，乃是明永乐内府所刻《历代名臣奏议》，这书就版本价值而言其实超过第一部，但这乃是今人的评价标准，就传统而言，并不把明司礼监本看得太重，由此可知，挑选"十大"的人眼光颇为老派。

目录中的镇店十宝之九，乃是一千八百卷的《通志堂经解》。这部书虽然并不稀见，但整部者却很是难得，三十年来我从未见过该书的康熙原刻本整部出现在市面上，所见均为零种。而该书在经学史上的地位，又颇受学人所关注。济南古旧书店能有这样的重要之藏，可见其库中确实有很多珍宝在。

参观完济南古旧书店的第二天，应齐鲁书社之邀，杜泽逊老师与我前往该社举办座谈会。座谈会还请到了一位名叫王鲁朋的先生。听齐鲁书社的社长介绍说，王先生是济南新华书店古籍业务部主任。听到这个信息，我立即问王先生古籍书店的库存情况。他告诉我说，济南古旧书店乃是济南新华书店的下属门市部，而他本人在总店负责整理古籍。而后我拿出王萍经理给我的那几页镇店十宝，王鲁朋看后一笑，说这份单子就是他整理出来的。王先生还谦虚地说，因为时间紧，他仅用两天写出这份提要，其中肯定有错误在。

而我则说他太过谦虚，能以两天时间写出这份简要，已然很不容易。

关于此单的来由，王鲁朋告诉我，当时山东书城准备开业，董事长命他从库中挑选出十种好书，以便在书城开业时展览，于是他用两天时间挑选库中之书。因为时间匆忙，他只能从手边已经整理出的书中选择，之后大概是总经理起出了"镇店十宝"这个名称。

对于古籍书店的来由，各地的情况大同小异，一般都是由私营书店通过公私合营而合并成的。回来后翻看凌济先生送给我的《书林史话》，该书的作者吕长源原来也是一位私营书店业主，而后经过公私合营，又进入了新华书店工作，所以他对济南古旧书市最为了解。吕长源所写的这本《书林史话》乃是他不同时期所写文章的合集，书中有《我在书店工作60年的经历》一文，他在文中谈到了自己的历史："我1926年出生于山东省荣成县成山卫马山大疃村一个贫寒的农家里。幼年家贫，读书甚少。小学毕业后，1940年我14岁就离开家乡来到济南东方书社当练习生。此时，正是日寇侵占济南的第三年。东方书社是民族资本家开办的书店，创建于1929年，是一家销售进步书刊的书店。由此开始我就与卖书这一行业结下了不解之缘，每天的工作就是收书、送书、卖书，时时刻刻与书打交道，一干就是60年。"

虽然这段简历未曾提及收古旧书之事，但他毕竟是一位从业人士，故该集中有《济南古旧书店五十春秋》一篇，谈到了该店的来由。作者在文中写道：

1956年2月，济南私营图书业全行业公私合营后，将三户古旧书摊组织起来，于院西大街63号设立了古籍书门市部，隶属公私合营北洋书社管理。同年7月，按照上级统一部署，又吸收友竹山房、居家书铺、集古堂三家古旧书商加入，将古籍书门市部改建为公私合营济南古籍书店。

对于古旧书店成立后的情形，该书中的一段记载最令我感慨：

> 1960年元旦，古旧书店举办了"古旧书收购汇报展览"，展出了近几年收购的古旧图书中的珍贵版本和革命文物资料200多种。中央档案局曾山局长，中共山东省委第一书记舒同，书记刘季平，副省长余修、晁哲甫，济南军区首长阎揆要、吴可华，中共济南市委和市政府领导夏征农、李又邨、许衍梁及省、市各部委、厅局、大专院校的领导同志和专家、教授等300多人参观了展览。大家对古旧书店几年来的工作充分肯定，大加赞扬，舒同书记还当场题写了"古旧书店"四个大字的店招。

那时候的地方领导对古旧书是如此重视，山东省委书记都会来书店参观，并且当场题写店名。然而到了"文革"时期，书店就遭了殃。

> 1966年7月，古旧书店被迫关闭，全部图书作为"封、资、修"毒草下架封存，经理被免职，人员全部分配到其他书店。同年9月，一批红卫兵以破"四旧"为名洗劫了古旧书店，烧掉3000多元的古旧书。

济南古旧书店被关闭了六年之后才重新开张：

> 于1972年5月，经批准重新恢复营业。因原址已转作他用，只好临时设在西门大街刚被撤销的第二合作书店内。1974年，为建造泉城路书店大楼，古旧书店又不得不迁到经二路市中书店三楼，挤在一间小屋内营业。1989年7月，遵照上级的安排，古旧书店告别了在此经营了10年的陈旧小楼，迁到经四路新建的东图大厦一层西厅和三层中厅营业，西厅经营古旧书，中厅陈列销售新印古籍和文史哲图书及珍本、善本古书。两处营业面积1000多平方米，地处繁华商业地段，宽敞明亮的营业大厅，真是"鸟枪换炮"。

我所看到的济南古旧书店就是在"鸟枪换炮"的这个阶段，而此前的情形只能靠别人的文章来进行脑补。比如王慧所写《我与济南书店》一文，讲到了古旧书店在小二楼阶段的情形："这是位于经三路141号的一栋古老的二层小楼，坐北朝南，外观呈灰白色，看上去简陋而破旧，门前有两棵树干粗壮、枝繁叶茂的法桐树。"这段话描绘的是该书店的外观，关于里面的情形，王慧又在文中写道："在不太宽敞的室内，靠一角摆放着一张式样古老的大圆桌，环绕圆桌，置有款式同样古老的四把木椅，桌椅是暗红色，朴厚凝重，古色古香。"看到这段描绘，让我想起了山大旁的古旧书店，我觉得里面的摆设继承了该店的老传统。

以上的所言均为公私合营后的情形，至于此前的济南旧书业，

《书林史话》一书中有一篇《济南私营图书业的社会主义改造》，该篇文章的第一个小标题就是"团结、限制、利用"，由此道出了当时对私营书店的相关政策。此文中称：

> 1948年9月24日，济南解放，10月1日，华东新华书店济南分店建成开业。济南市军管会出版部立即召开图书业座谈会，到会的私营书店经理21人，军管会宣传部长夏征农、出版部长恽逸群宣传了党对私营书店的保护政策，动员各店尽快恢复营业。会后，各私营书店陆续开门营业，并到新华书店批销新书。

接下来的社会主义改造始于1955年底，吕长源在此文中写道：

> 1955年12月，为迎接全行业公私合营的到来，成立了济南市图书业公私合营筹备委员会，由新华书店代表3人，私营书店资方、职工代表各4人组成。新华书店经理侯子玉任主任，济南图书业公会主任张蔚岑和北洋书社经理鞠质夫为副主任。筹委会的主要任务是负责处理合营过程中的一切事项，起草和通过公私合营协议书，协商人事安排，清产定股，调整发行网点等。

关于公私合营时期并入的书店名称，该文中列出了两批，其中第一批为："济南市商业局于1955年12月14日，批准北洋书社、中西书社、大众书店、远东书店、振华书社、前进书店、合力书社、中原书社、益诚书店共9户为第一批公私合营店。"此后不久，又加入了第二比："第二批 15 户是 1956 年 1 月 20 日批准的。两次共 24 户，其中 16 户为定股定息户，各户的清产定股，由资方'自清、自估、自报'，行业筹委会审查，政府批准。"吕长源的这篇文章写得很详实，看来他有第一手材料，因为该文中列出了"各户定股定息"的名单。

我觉得这份名单很有史料价值，故将其复制如下：

店名	经理	定股（元）	定息（元）	备注
北洋书社	鞠质夫	11435.24	571.76	
中西书社	林绩平	17028.21	851.41	
远东书店	陈德彬	11287.10	564.36	
大众书店	于奎峰	4695.15	234.76	
益诚书店	翟鼎九	3639.77	181.99	
振华书社	郭子甫	1115.18	55.76	
中原书社	魏聘卿	1222.85	61.14	
前进书店	任玉荣	1143.88	57.19	
大新书店	李文苑	394.95	19.75	
合力书店	董继武	365.34	18.27	
友竹山房	吕川升	127.84	6.39	
联合书社	林质彬	98	4.90	
居家书铺	郑守珠	57.30	2.87	
集古堂	贡世卿	55.91	2.80	
文新书店	侯昆祥	25.03	1.25	
庆记书店	张庆祥	58.32	2.92	

吕长源在这篇文章的最后列出了济南私营古旧书店的终结：

> 古籍书店。1956年7月，由公私合营北洋书社古旧书门市部改建。经理鞠质夫（私方负责人），副经理尤全禧（公方代表），地址在院西大街59号，吸收友竹山房、居家书铺、集古堂三家经营古书的店主和几家古旧书摊主组成。另有部分古旧书商贩组成合作小组，由该店代为管理。

因此，我到济南便只有这一家古旧书店可以参观了。后来，王鲁朋在电话中告诉我，他仍然在库中整理古籍，有可能还会举办相应的展销会。这句话给爱书人以希望，期待着某一天再来济南，并且能够买到几部欲得之本，以续我跟该书店应有的因缘。

廿年惜售 展销两意
南京古籍书店

南京古籍书店我大概只去过四次，这四次还是跨越了十几年的时间。来这家书店次数不多的原因，除了地域的因素，更重要的是我对于到这家书店购书没有信心，因为我从来没在这里买到过一部善本。当然，如果打个官腔，客观原因是多种多样的，但老实说我觉得其中最大的缘故是这里有一位善本守护神——林海金先生。

我第一次到这家书店，是南京一位搞其他收藏的朋友带去的。那位朋友的收藏跟古籍不沾边，自然也就在书店没有任何的面子。进入书店的古书区，我请店员拿出几部书来翻看，翻到第三部，店员就好像有点不耐烦了，直接跟我说："这些书都挺贵，如果不买，最好别翻了。"好在这一次我的耐性还不错，没有冒充大款一赌气全买下来，因为从架子上拿下来的那些书，按照当时的性价比，确实可以评价为质次价高。国内的古籍书店我也去过不少，从横向上比较，这家的古书标价确实能领行业之先。

几年后，我再到这家书店，是薛冰先生带去的。他是这里的熟客，介绍我认识了古籍部负责人林海金先生。因为有熟人介绍，林先生说话还算客气，但我能感觉出来他对熟人带着来买书并没有太

$\dfrac{1}{2}$

1. 南京古籍书店外观　2. 文保牌

大的热情，跟他聊天期间，他至少念叨了三遍："古书这个东西卖一部少一部。"那潜台词我当然听得懂，就是你不买最好。但我觉得那天他还算给薛冰先生面子，从里面的一间小屋拿出来几个善本让我欣赏，每拿一部他都会事先声明："这只给你看看，不是要卖给你的。"他说话的这种口吻让我有些不乐意，但是也无可奈何，谁让我生不逢时——真正开始大买古书的时候，古书行业的风向竟然转了，成为了卖方市场。我读前辈的书话，看到他们天天坐在自己家里，就不断地有书贾背着蓝布包裹把善本送到家里来，买与不买也不必现场决定，要放上几个月，研究透了之后才会买下或者退回。那是怎样的好时代！我读到这样的故事，感觉那场景就如同"白头宫女在，闲坐说玄宗"。好在我有时候也会识实务——林海金拿出的几部善本确实让我眼前一亮，看在古书的份儿上，我也只能向他低头。

之后的几年，我坚持不懈地跟他联系，每次他都说想不起我是谁，后来我才明白其中的原因，是因为我自己的电话簿记得太潦草，把他的名字写错了，将林海金记成了林海全。那个时候他还没有手机，电话不是打到书店就是打到他家，所以我每次说找林海全，只要不是他接听，对方都回答我没这个人。我本来以为这是一种故意的推辞，过了几年才知道错的是我自己。

又过了几年，我第三次去这家书店时，则是由府军先生带领的。当时我的行程中没有这个计划，只是到府军家去欣赏他的藏本。看了那么多好书之后，府军带我外出吃饭，还没走出多远，就路过了古籍书店。没想到他的住处离书店如此之近，我感慨他能淘到那么多的好书，也是一种必然。府军马上更正我说，他的藏本很少有得自古籍书店者。他告诉了我林海金手头把得很紧，架子上的书很难让人捡到漏儿，但府军也承认自己在书店里确实买到过一些书，只不过没能够捡到便宜。书界中共同的毛病就是从某家书店虽然买过很多书，但如果没捡到便宜，就等于没买到。听府军这么一说，我反而心底坦然了很多——原来这位林海金不止对我这样，像府军这样本地的爱书人也有同样的遭遇。

第四次去南京古籍书店，准确的时间是2015年1月6日，仍然是由薛冰先生带路。在路上，我们又聊到了林海金，薛老师对这位门神夸奖有加，他告诉我，林海金已经在书店工作了三十多年，林的父亲就是书店的老店员，所以林应当也算有家学，他是顶自己父亲的退休位置而进入书店的。因为他对古书很热爱，也很刻苦钻研，又做了这么多年，理所当然地成了南京古籍书店最懂古书的行家。近两年，南京古籍书店划归为凤凰集团管辖，集团成立了拍卖公司，却找不到懂古籍的行家，于是就聘请林海金兼任拍卖公司古籍部经理。听薛老师这么一说，我更加断了从这家书店买到善本的念头。

此次再到书店，我无意中发现门口又多了两块文物保护牌，是南京市和秦淮区分别颁布的文物保护铭牌，写明这里曾是"中华书局旧址"——原来这里竟然还是个文保单位。古籍书店我转了那么多家，店址是文保单位者似乎只有此处。薛老师对南京的掌故极为熟悉，给我详细介绍了这里的过往历史，可惜我忙着拍照，没能把他的话都记录下来。回来后查资料，付启元、赵德兴所撰《南京百年城市史》中有如下简述："1927年以后的10年间，南京的出版机构有了较快的发展。据统计，到1933年，南京已有中华书局南京分局、商务印书馆南京分馆、天一书局、钟山书局、京华书局、花牌楼书局、青白书局、新亚洲书局、新京书局、群众图书公司等出版机构数十家。"

关于中华书局的这个分局，书中谈到了其营业范围："中华书局南京分局于1913年在南京成立，是民国初期南京私营的图书发行、销售机构，位于太平路。该书局主要经营中华书局出版的教科书及其他各类图书，并兼营教学仪器、文化用品等。"原来，这家店只卖自己的书，这样的经营方式倒颇为稀见。而该店所在地则是民国年间南京书店集中之处，徐雁、谭华军所著《南京的书香》，其中有一节"花牌楼书店街"，讲到了这条街上书店的数量："20世纪初至30年代，在今南京市太平南路，以杨公井一带（俗称'花牌楼'）为中心，从大行宫至夫子庙，大小书店多达四五十家，鳞次栉比，衡宇相望。这个书店街形成于清末民初，不仅私营书业到此聚集，而且国内各大出版单位也多设门市或分部（店）于此。"

从历史的延递看，花牌楼一带原本并不是南京的书店集中之处。对于这条书店街的形成，以及每家书店经营品种的特色，"花牌楼书店街"中有如下说明："从科考废除，南京书肆的中心就逐渐从夫子庙移向花牌楼一带。当时著名的书店除商务印书馆以外，还有中华书局南京分店（建于1935年，店址在杨公井口太平南路220号，即今南京古籍书店址）、世界书局南京分店（以经销旧小说、连环画和实用图书为特色，深受市民欢迎）、开明书店南京分店（以经销教科书、青年读物和活页文选为特色，最受中学生和青年们欢迎）、中央书店（以大量炮制薄利多销的'一折八扣'书为特色）、正中书局（今为杨公井口的小上海面馆）、北新书局分店（以经销新文学作品为特色）、生活书店、良友书店、益智书局南京分店、广益书局南京分店、大达书局南京分店、拔提书局、正风出版社、神州国光社南京分店等，分别经营各具特色的书业，或高雅，或浅俗，或主营图书，或兼销期刊画报，或出售文体用具，为普及文化知识和社会教育，传播思想，启迪民智，作出过有益的贡献。"

由中华书局南京分局改为南京古籍书店的具体时间，我未查到相关资料，不过薛冰先生在其所写《南京书事》中说过这样一段话：

> 南京的古籍书店，五十年代后已只有惟一的一家，位于旧称花牌楼的太平南路杨公井路口，用的是四十年代中华书局南京分店的店址；该店一度在夫子庙东市场的书香阁楼上设有分店，但没有坚持几年就撤掉了。八九十年代，该店也曾叫过古旧书店，但后来悄悄地更名为古籍书店了。

既然把南京古籍书店追溯到 50 年代，并且是唯一的一家，那只能说明这是公私合营时，按照相应政策把很多民营书店合并而成者。薛冰到此店买书的时间，应当也是 80 年代中期之后的事情了，但他的境遇令我艳羡：

店内的书，基本上是新印古籍，且有四分之一的店面摆放的是未必古籍的"特价书"。名副其实的古籍当然也有，且据说数尚以十万计，但还都堆在库房里。那库房我九十年代初曾进去看过，几排与房间等长的大书架上堆满了书，书上架上的积尘有几分厚；书架之间的楼板上也堆了书，高的几及人腰，通道有的勉强容人挪步，有的已无从落脚。想来已是多年无人清理。

当时薛冰是否从库房中挑选到了欲得之本，文中未曾提及，不过我却去过几家古籍书店的库房，里面的情形与薛冰的描述相仿佛——都是堆积如山的古旧书，以及上面厚厚地盖着一层尘土。

对于南京古籍书店上世纪80年代的情形，薛冰在文中有如下简介：

直到八十年代初，中国的古旧书仍是不对中国读者开放的。南京古籍书店二楼上也隔出一个小房间，里面陈列起几架古旧书，但必须是具有特殊身份的外籍或"内部"人士才能出入；到了八十年代后期，曾挂过"对公服务部"的牌子，虽然仍"内外有别"，但其限制渐渐放宽，如我之辈的普通读者，能得人引荐也就可以"化私为公"了。

既然走进了古籍书店的大门，他当然要面对林海金先生的脸："我就是此际托朋友介绍，认识了负责这一部门的林海金，当时他还是个二十来岁的毛头小伙，好像也是经营旧书业的世家子弟，如今可以算这一行中的后起之秀了。近几年他在做一件难能可贵的事情，就是仿《贩书偶记》的体例，将南京古籍书店历年过手的古籍情况整理出来，包括在他进店之前发生但留有资料可查考的，据说已完成卡片数千张。此书倘能编成问世，对于研究南京近半个世纪以来的古籍流通，以至中国近半个世纪以来的古籍保护得失，当大有裨益。"

林海金先生的钻研精神令薛冰叹服，至于他是否从林先生那里买到过可心之书，文中没有明言，只是简略提到了曾经买得的一些书。从书名及其版本来看，薛先生始终关注的是文献价值，对版本似乎并不措意，这样的买法，料想林海金先生不反对。但薛冰也说，随着时代的推移，他能买到像样书的概率越来越低：

> 九十年代，中国社会向市场经济体制的转型，在古旧书的经营上终于也有所反映，即不再对读者的身份加以"内外有别"的限制，谁有意都可以去翻检那几架古旧书，但书价已今非昔比，乘风直上了九重天；到二十世纪末，晚清雕版本已到了非百元一册莫办的程度，其余可以想见。书店的想法，这些书已是书店的"家底"，而且有出无进，卖一部就少一部，不卖也不缺这点营业额。不过对于爱书人来说仍然是一种幸运，买不起总还看得起，查查资料，过过眼瘾，现在还是不收费的。

薛冰的这段话，瞬间令我哑然失笑，因为我想到了这几句话中，显然有林海金的用语——他曾经也跟我说过类似的话。这样的心态，堪称南京古籍书店的守护神。这几十年来，应该也有不少人都因买书而跟林先生打过交道，买到像样书的人当然会夸赞有加，欲得未得肯定不会令人愉快，任何事情的好与坏都要看站在哪个角度来说话。显然，南京古籍书店并不是因为库存将竭而变得惜售。对于该店的库存情况，我从彭小伟所撰《南京古籍书店》一文中看到过这样的数字：

> 书店的建筑为三层三面形洋楼，正门木制，外墙马赛克，至今依然时尚。店名"古籍书店"由著名书法家胡小石先生书写。近年来，书店重新装修，并将蓝底黄字的原"中华书局"门额石匾重新亮相。书店内，一楼是新书，二楼为旧书。虽不能与北京的中国书店相比，但南京古籍书店的存书数量可观，只是线装书也有十几万册，不乏孤本，如万历年间刻印的《江宁县志》等等。

仅线装书还有十几万册，这个数量其实已足够大。南京古籍书店所藏的线装书其实仍然在增加之中，我从《南京年鉴1994》中看到了"南京古籍书店收购到一批珍贵古籍书"的条目，该条目之下的说明文字为：

> 1993年夏秋之间，南京古籍书店从民间收集到一批极为珍贵的线装古籍书，内有古代术数类书籍5部，古代蒙学读物2部，雍正硃墨套印本《硃批谕旨——田文镜奏折》及清末刊本《诗韵集

成》等。其中术数类中的《象吉备要》《罗经顶门针》两书，在《增订四库简明目录标注》和《贩书偶记》中均未著录，而《四秘全书》在国内馆藏仅有2部。这批古籍书为学术界提供了难得的宝贵资料。

从这篇文字看，至少在1993年，该店依然能够收进线装书，不过从列举的书名来看，似乎并无十分珍罕者。比如这段话中提到的雍正硃墨套印本《硃批谕旨》，此书原装为112册之多，并不分卷，按照大臣的奏折，平均一人一册，奏折数量多者，约有两册或三册，而该条目中提到的田文镜奏折不会超过三册。对于这样的大部头书，哪怕是缺几册都算是残本，而此时仅将其中几册特意标出，显然是撰文之人对版本不甚了解。但这的确说明了在那个时段，南京古籍书店仍然在收进古书，这真可谓泰山不辞抔土，乃能成其大。

此次和薛冰一起进入书店，一楼的店堂跟我前两次来的情形基本没有改变，主要是卖新书，只是在另一个角落里多了一块卖文房用品的专柜。对于一楼和二楼在门类上的区分，彭小伟在《南京古籍书店》一文中说到："一楼经营文史、美术、收藏、鉴赏、文房四宝，二楼经营旧书及特价书，其中的'耕砚斋'主要经营线装书、民国旧平装、碑帖拓本等。店内布置颇显民国风情，书店一楼右手边置有木制长板凳和书架，书架上贴有标语：'坐一坐，看一看，读一读，赠连环画'，怀旧气息浓厚。"

沿着宽阔的木楼梯上到二楼，二楼大堂里所卖基本也是文史书及画册。在二楼的正对面，有两间单独的房间，其中之一即是线装区域，这个区域的面积不小，至少有四十平米，跟我当年见到的情况有些变化。我在这里又一次见到了林海金先生，我问他的第一句话是："您是否还记得我？"他笑着说："当然记得，你近来出了那么多书，也有业界的朋友时常提到你，我没想到你今天能搞出这么大影响。"我本想回他一句：你要多卖给我些古书，我的影响就更大了。然而我对这位林先生却始终觉得有些怵头，这句玩笑就未说出口。

距离我第一次见他，到现在至少有十几年了，然而他看上去却基本上没有什么变化，只是剃了很短的头发，看到了星星点点的白岔儿。我跟林聊起第一次见他的情形，他说我记错了。林告诉我，在我去他们书店之前，他就曾经见过我。他回忆说，1998年在上海时，我们一起跟朋友共同吃过饭，并且他还说出了几个在座者的名字，这段往事我却完全回忆不起来，然而，我跟他讲了几次见面的情形，他竟然也全忘了，看来记忆之不可靠在此得到了双重证明。

古籍区域的店堂内，四面都是书架，一部分是线装书，还有一部分是影印本，我印象深刻的那间小屋却不见了。林海金说这一点我没记错，当时确实有一个盛放善本的小房间，但前些年进行店堂改造的时候，已经被拆除了。我跟他直言自己在他的店里从来没买到过古书，他笑着说，他们书店的库存量本来就小，完全不能跟北京和上海比，如果不是他把得严，店里的库存早就卖光了。其实，我也明白站在他的角度来说，这么做不但不是过，反而对书店是有功之臣。林又告诉我，现在收购很难，而买书的人又很多，所以进

1. 耕砚斋　　2. 耕砚斋内景

书量远远小于出书量，即使像他这样使劲儿把持着，书也还是越买越少，并且店里的经营还要靠古书来完成销售指标。他告诉我今年店里的销售任务又涨了，已经达到了一千多万，而卖新书不可能完成这个任务，所以他还是会拿出一些库存来供应市场。

我听到他这么说，心下当然窃喜，问他什么时候能够上架。他没说话，笑着递给我一张自己的名片，上面印着他已是凤凰拍卖公司的古籍部经理。我明白了他的潜台词：他现在是身兼两职，即使库里拿出一些像样的书，也要首先供应他所负责的拍卖公司。这个结果虽然差强人意，但不管怎么说，还是有新鲜的书能够出现在市场上，至于价高价低就是另一个话题了。

林海金的办公桌旁也有两个书架，里面的书我很感兴趣：全部都是关于书目的书。我请他翻找钥匙打开书橱来拍照，他正准备张口向我解释，我抢过他的话头儿说："你不用解释，我替你说了吧，这里面的书是不卖的。"我的话音还没落，薛冰先生和林海金先生就大笑起来。笑完之后，林跟我说这是他整库过程中逐渐留下来的，是经营古书的工具，就像农民耕地用的犁，当然不能卖掉。我说你不用解释，自己知道这一点，因为各家古籍书店都是这么做的。其实我没有说出来自己的后半截话，跟书店打交道这么多年，我已经知道了旧书店经营者的心理，留着这些书目类的工具书有一部分原因确实是为了业务需要，还有一个说不出口的原因，就是通过古代的书目以及售价表，就可以让买书人清楚地了解到哪部古书才是最有价值的，哪些书在历史上曾经售价很贵，而现在没人注意到的；反之也有一些书，曾经在历史上根本卖不出钱来，今天却被炒得虚高。如果买书的人太精了，对卖书者而言显然不是一件快乐的事。

翻找一番，总算找到了打开书橱的钥匙，我拿出一些来看，其中竟然有一册《金陵刻经处流通经典目录》。更有趣的是，封皮的书签是木版刻印，内页却是蜡版刻制的誊印本，这两者合为一体的书并不多见。此书的卷首印着年款儿，是1956年的定价表，里面的价钱真是便宜，很多售价仅是1毛多钱。所以，看到这个价目也没有太多用处，于今而言，已经没有了任何参考价值。我觉得书店的经营者不愿意把这些卖出去，更多的是心理问题，因为按照这个价钱做参考，那就什么书也不要卖了。

林海金办公桌的后面还有一部《百纳本二十四史》，是带原木箱的，这在今天来说也是难得之物。近几年，带原箱的书价钱卖得都很好，似乎部头越大越受市场欢迎。我听书店和拍卖公司的人讲，买这些旧箱的人主要是为了做书房的摆设。其实，我觉得这倒无可厚非，这些旧箱很能营造出书香的氛围，多年前我自己也买过一套，但今天的价钱已经比那时贵了十倍都不止，所以，今天看到的这套旧箱《二十四史》，我连价格都没问，只是跟林海金说："这套肯定不卖吧？"他理直气壮的回答我："那当然了。"

古籍区域的入门处挂着的牌匾写着"耕砚斋"三个字，我没问他名称的来由，只是问他这里有没有好砚台。他果真拿出来一方给我看。但那个砚台我觉得很一般，反而砚台背面夹带的一张纸条让我感了兴趣。这是50年代书店的一张发票，可惜发票上的书名我看不清楚了，仅能看出合计是3000元，这当然是旧币制，也就是

$\dfrac{1}{2}$

1. 不出售的目录书　　2. 原箱的《百纳本二十四史》

今天的 3 毛钱。3 毛钱就能买部书，还能开发票。

在耕砚斋的正当中，摆着一张旧的红木写字台，台子上铺着文房四宝以及一摞线装书，林海金说是刚刚收购来的。到今天还能收到这么多的古书，所以古书市场的货源已经枯竭的说法，我是不太相信。随便拿出几部来翻看，竟然有明刻本《重刻孙真人千金翼方》，书名虽然并不稀见，但明版中刻得这么好的医书却也难得。还有一部康熙本《六书分类》，林先生说，这部书的康熙本很少见到，虽然《六书分类》流传较多，但基本上都是乾隆翻刻本，康熙本其实很少见到，他说这是收进的这批书中最难得的一种。他从里面又拿出一部封皮像账本一样的书，翻开内页，里面是伊斯兰文，问我这是什么书，有没有价值。我跟林说，您别问我这个，我对此完全外行。

在那张写字台上，我还看到一些修书用的专用工具，林说他有空时也会慢慢地修补古书。那个裁纸边用的裁刀已经很少见到，现

传统的修书工具

在搞古籍修复的人为了省事儿，都是用电动裁刀来操作。以我的私见，虽然用手很难裁得像机器那样整齐，但还是觉得用手裁出来的那种不整齐感更有古味。林很赞同我的看法，他说自己也是这么认为的。

跟耕砚斋并列的一间屋子门口挂着两块儿牌子，一块是"古旧书店收旧部"，这个名称读起来有些拗口，但基本意思我是明白的，这就是收书处，在这里改为收旧部，可能也包括了字画和其他杂品，因为跟这个牌子相对的另一块匾额上面刻着"耕砚斋画廊"，佐证了我的判断。进入室内，墙上四围都挂满了中国字画，有些字画的名头很大，我不敢在此评论真伪。引起我注意的是一只带腿的旧凳子，一眼望去，就是图书馆书库里常见的踩脚凳。但这只凳子跟图书馆内的有区别，那些踩脚凳都是一根尾巴，而这只的却是做成了"U"字型。林告诉我这样做很实用，架头上的书容易够到。他又指着一张旧桌子给我看，说这个桌子也应当算是文物了，因为这是当年中华书局用的办公桌。

说话间，林海金又带我去看后面的楼梯，说扶手已经换成了新的，但楼梯的踏面还是当年中华书局的旧物，用了近百年仍然完好无损。接着他又带我去看房间外的一个消防水喉，这个水喉旁贴着一块金属铭牌，上面写着"始于民国 25 年"，原来也是件文物。林很兴奋地向我介绍着店里一件件的文物，我从他的脸上能够读到他对于书店的挚爱，由此，我也就理解了他，或者说原谅了他这么多年从来没有卖给我一本书的事实。细想想，每个人都是各为其主，谁愿意看着自己的挚爱在自己手里衰落下去呢？

拗口的铭牌

　　那次南京古籍书店之行的三年后，也就是到了 2018 年 3 月 23 日，我受徐雁和薛冰先生之邀，前往南京参加古旧书业高峰论坛。此论坛的举办日期是 24 日，我提前一天到达就是为了看一看书展中特意辟出的古旧书专区。这个区域占地约三百多平米，参加展销

1. 陈旧而实用的脚踏　2. 水龙头都是文物

百年老楼梯

会的古旧书店约有七八家，从整体上看，以孔夫子旧书网所展销之书质量最高，数量也最大，因为该网乃是本次古旧书展的主办方之一。除此之外，其他家所展销之物主要是旧平装、期刊以及相关的文史史料书，惟有一家的柜台内陈列着几部整齐的古书。我扒着玻璃柜细看其中一部，乃是明万历字体的医书，而其难得之处，是钤着"毛晋之印"的收藏章，细看印章制式及墨色，能够确定这的确是汲古阁收藏之物。

　　毛晋乃明末收藏大家，所刻之书可谓遍及天下，然而他的藏本却颇为罕见，能够在这样的大众展销会中看到如此珍本，还是令我暗吃一惊。正当我愣神之时，突然听到人有说："书不错吧？"抬眼一看，正是林海金先生。在这里遇到了南京古籍书店的守护神，我略感意外，原本我以为此次参展者均为私人旧书店，而林海金却说，他们也受邀来此参加展销会。但他怎么可能会拿出这么好的书来？这让我有了时空错乱的不真实感。林海金跟我说，他对这部书有着别样的情感，几十年前他第一次到古籍书店工作时，就看到了这部书，因为价签上标明这是明刻本，他问老师傅如何能知道这是明代的刻本，老师傅让他看字体，他还是看不出所以然来，于是师傅甩给了一句："看多了就认识了。"

这部书对林海金竟然有着如此特殊的意义，这更让我疑惑，他真的会卖出此书吗？这跟他的以往风格大不相符。我问他这部书卖多少钱，他依然淡淡一笑："你不会买。我标的是不卖的价格。"而我仍然好奇于他会将此书标到多高，才能称为其心目中的"不卖"。林告诉我，价格是 40 万。明万历本的医书能够标出这样的价格，如果是别人，我会跟上一句："亏你说得出口。"但林海金这么做，我不意外。接下来他肯定会向我解释一番卖一部少一部的老话，其实我知道，听与不听结果都是一样的，于是我站在那里，跟他聊着书界的故事。而每当谈到这个话题，他那双圆圆的眼睛就瞬间增加了亮度，向我讲述一些我未曾听过的书界过往。听到这样的故事，并不输于我能够得到毛晋这部旧藏。想到这一层，我也就驼鸟式地快乐了起来。

因抄聚版　刷印成社
扬州古籍书店

　　就古书货源而言，我认为北京、上海、天津应当是质和量双方面的前三甲。因此，北京和上海的古籍拍卖市场也最活跃，北京的中国书店和上海的博古斋分别成立了自己的拍卖公司，这也是传统的思维方式，肥水不流外人田嘛。唯独天津是个异数，天津古籍书店至今没有成立自己的拍卖公司，虽然也在搞古籍拍卖，但一直是借牌经营，虽然从搞拍卖的历史上来讲，天津古籍书店不比其他两家晚。

　　大概是 1998 年，天津古籍书店跟当地的国际拍卖公司合作举办了第一场古籍大拍专场。我参加了那场拍卖会，在看预展的时候，见到了不少天津古籍书店的藏品，但也有一些看着眼生，后来打听到这些拍品大多是从扬州古籍书店征集而来。平心而论，那场拍卖会的拍品质量不低，有不少可圈可点的善本，但可能是惜售的缘故，估价都略高于行市，致使大多数拍品流标，成交额和成交率都不高。在这场拍卖会上我见到了扬州古籍书店的经理刘永明，他看到这个结果也很感慨。但是，这场拍卖会却让我了解到扬州古籍书店藏有不少好书。

林散之所书扬州古籍书店匾额

　　此后不久我就来到了扬州。那次到扬州的主要任务还是访藏书楼，由韦明铧先生给我做向导。在我眼中，他绝对是个扬州通，带着我到处寻找，一路上给我讲解着每个书楼的递传情况。中午吃饭的时候，我问他跟扬州古籍书店是否相熟，他说当然，如果想买书，他可以带我去。

　　这当然是个大好的消息，饭还没吃完，我就催着他赶快带我去书店。在书店我再一次见到了刘经理，向他直接提出自己的要求，就是想到线装书库里去挑选自己欲得之品。那段时间，我因为得到了一册天津图书馆所编的活字本目录，对活字本感了兴趣，到处搜罗。那册活字本目录里著录之书，有一大半是周叔弢先生旧藏，而周叔弢的祖籍就是扬州，我听说他在扬州也曾有过藏书处。周慰曾在《周叔弢传》中写到："他对家塾所安排的课程并不满足，课余经常到辕门桥的三家书肆去觅购他自己感到新奇或早就想要看的书，古文也好，杂文也好，翻译过来的《天演论》也好，只要是石印的廉价书，一元钱以下的书，都买来读。"周叔弢这么早就开始在扬州收书，只是不知道他是否在那个时候已经开始关注活字本。至少在上世纪五六十年代，他曾经用十年的时间专门搜集古籍中的活字本，后来这批专藏捐给了天津图书馆，成为了该馆的重要专藏之一。

以我的推论，扬州应当是活字本较多之地。我就是抱着这个小心思，向店经理提出进库选书的要求。可能因为韦明铧兄是老熟人，经理同意了我的这个不情之请。我知道选书很费时间，于是就请韦明铧兄先回去，我独自跟着店经理安排的工作人员前往书库。

扬州古籍书店的书库当时就在古籍书店店堂不远处。这个书库不像天津或者杭州古籍书店：那两个店的书库真是仓库，走进里面像是走进了工厂的大车间；扬州古籍书店的书库却像个四合院，在一座独立院落里，三边都是普通的平房。带我去的工作人员可能对此也不甚耐烦，开门之后就忙别的事去了。我在那一排排的书海中间左顾右盼，那种快乐的感觉真是难以形容。我先从一间房挑起，好在书库里面的书都已经上了架，挑选很是方便。虽然这些书并没有标明版本，但是因为活字本的特征很是明显，不用一部一部地打开函套、掀开书页去辨认。我看书的方式是将一摞书扭转过来，书口一侧面向自己，只要瞥上一眼，一两秒钟就可以调转回去原样放好。这句话听起来有些悬乎，其实不过是把卖油翁的"无他，唯手熟耳"这句话里的"手"改成"眼"就可以了，因为活字本无论是木活字还是金属活字，书口特征跟刻本区别极大，瞥上一眼，准确率就能达到99%。

因为这个缘故，我挑书的速度极快。我记得用了几个小时就已经看完了几间房的库存，选出了几十部活字本。然而，天色很快暗了下来，那位前来开门的店员告诉我要下班了，但我的印象中至少还有一屋子的书没有看过，可这是公家单位，店员当然不肯陪我在此消耗自己的时间，于是我只好恋恋不舍地离开库房。店员把书拿回店内，告诉我明天再来结账。

第二天一早我又来到店里，两个店员对我的说话口气有些生硬，说他们让老师傅把我选的书看了一遍，老师傅说我把库里的活字本基本选光了。这些店员问我是不是想把活字本买断，等升值了再卖大价钱。我诚恳地跟他们讲，自己真的是搞收藏。从脸上的神态看，那位店员显然认为我在说谎。他拿出来几部书放在桌上并打开让我看，原来是我一门心思选书，过程紧张，无暇细看每部书的书名，结果我所选的活字本中有两部重复了，让人家觉得我不过就是为了倒卖。

我跟各地的古籍书店打了三十年交道，发现有一个小规律，那就是他们似乎都对买卖古籍的人比较戒备，用他们的行话说，"这个人是倒书的"，言语中多少有着鄙夷的成份在。把书卖给研究的学者或者真正的藏家，书店的人才觉得卖给了对的人。我不想评论这种心态的正确与否，但那个时候古籍书店最理想的买家就是各地的图书馆。我记得陈东先生就很能适应那个时候的潜规则，他能开出来图书馆的介绍信，所以到各地去选书很是理直气壮。我这等愚钝之人有时跟他相遇，只能眼睁睁地看着他手持介绍信走进书架或书库，气焰嚣张地随意挑选。而我到各地书店去买书，唯一可打的招牌就是说自己是个爱书人，强调自己不做古书生意。这个说词当然比介绍信低了好几个档次，但也算差强人意，多少也能买到一些介绍信挑选后的余唾。

然而这一次，我却被人怀疑是打着藏家的借口，实际却是倒书者，并且铁证如山地被人看到了有复本，我不仅难堪，更百口莫辩。好在我定下神来把那几部复本翻看一过，竟然找到了这些复本之间的不同之处。我以此为说词，解释了自己刻意买这些复本是为了做版本研究。那几位店员半信半疑，但我指出的不同之处他们也看在了眼里，于是一位老店员提出了折中的办法："领导打过招呼了，本要给你打个折，因为你是藏家，但现在你选了复本，虽然也有些小区别，书就归你了，但是折扣就不打了。"我虽然没弄明白复本跟打折之间的逻辑关系，但还是接受了这个折中方案。付款之后请他们把书帮我寄了回去。

自那次选书之后，我再也没有去过扬州古籍书店，虽然这期间又多次到过扬州，但因人员变动频率，我已经跟店里原先的熟人失去了联系。后来细想，那次选书的策略有些偏差。虽然我买到了一些活字本，但是当初在天津拍卖会上看到的那些善本却一部也没见到。后来才了解到，扬州古籍书店的线装书库有两个，我去的是普通线装库，善本书库却没能前往一探究竟。贪念一起，顿时让我懊悔当初的举措，这是典型的丢西瓜拣芝麻，但事已至此，只能承认自己缺乏大局观。

扬州古籍书店的形成，也跟其他城市的古籍书店一样，由多家私营书店在公私合营时汇为一家。徐雁、谭华军所撰《晚清以来扬州古旧书肆札记》一文中列出1956年扬州总计有九家旧书店并入扬州古籍书店：

（1）耀文堂书庄。（2）陈恒和书林：附设有古籍刻印作坊，并保存有部分古籍版片，以收售古旧书和自印古籍为主。扬州市古旧书店一度以刷印木版古籍的业务见长，就是因为它继承并利用了这批原存版片。（3）会文堂书局：1929年开设于多子街35号，老板邵发樵，以出售书籍、文具为主。（4）商务印书馆：1930年开设于教场街84号，老板徐懋堂，以出售书籍、文具为主。（5）锦华书局：1946年5月开设于多子街75号，老板徐锦华，专营古旧书籍。（6）文海书局：1948年6月开设于左卫街110号，老板陆汇川，经营书籍、文具。（7）大众小书店：1950年9月开设于左卫街43号，老板孙国钧，出售文具、纸张，兼租小说、电影画报和连环画。（8）文海楼书局。（9）朱玉山笔庄。

就总体规模来说，扬州古籍书店比不上当年的中国书店和上海的博古斋，那两家并入的私人旧书店都在一百余家以上，但扬州自古就有旧书店的存在，想来合并之前，还曾经有过一些小的书肆。上世纪40年代，谢国桢先生就曾到其中的陈恒和书林去访书，但刚主先生对此行似乎并不满意,他在《扬州纪游》中写到:"走过了两三条窄巷后,到辕门桥一家书店里访一点旧书。可惜这一家很有名的陈恒和旧书店已经卖起了新书和文具来了。主人陈君绍和蔼地找出几本旧书来,刘文淇、刘恭甫的手稿,也都断烂不全,不禁教我失望。"

读到这段话,令我忍不住对刚主先生有些腹诽:他在此店看到了经学大家刘文淇和他孙子的手稿,还觉得不好,真不知道他的期望值有多高。刚主先生的堂号是瓜蒂庵,按他个人的解释,乃是人弃我取地藏一些别人不留意的史料,这种说法显然是一种谦辞。

但是,访过陈恒和书林后同样感到失望的,还有现代著名藏书家黄裳先生,他在《三访扬州》一文中称:"在城里乱走,后来摸到书店街,我找到了有名的陈恒和书铺。失望得很,并没有看到什么中意的书。主人请我到小楼上去看看,那里堆放着不少明刻残本,就随意选了一叠。记得其中有天一阁范氏刻本《竹书纪年》和《穆天子传》,是白棉纸初印的本子,可惜都只残破了一半。书前有一方'古剡龙氏'白文方印,还是明朝人的旧记。这是使人高兴的,仿佛到底摸到了这座历史名城的文化遗痕。"黄裳来到陈恒和依然大感失望,因为没有看到他想看的书,他失望之下令主人带他到内室去看书,在这里,他竟然买到了天一阁所刻初印之本,虽然是残本,依然令他大感高兴。

陈恒和书林为什么受到这么多藏书家的青睐呢?以我的看法,恰是因为他刊刻了部头庞大的《扬州丛刻》。该书几经刷印,到几十年前各家古籍书店依然出售着新刷之本,但刷版之人早已不是陈恒和，因为这套书版已经成为了扬州广陵出版社的财产。

关于陈恒和刻版之事，徐雁、谭华军文中有如下简述："1923年，陈恒和回到扬州开设书铺，专营古旧书，是为'陈恒和书林'，位于教场街南牌楼口。他悉心搜集扬州地方文献稿本，历时五年，择其精要 24 种雕版印行，此即 47 卷的《扬州丛刻》。刊刻时，以资金短缺，其妻至脱娘家陪嫁之簪珥资助。时人陈含光评介说：'人谓扬州文献它日不至于湮沉者，皆君伉俪之助也。'并且以著名刻书家常熟汲古阁毛氏和苏州席氏相期。其子陈履恒在 15 岁开始随之学习古书装订技术和目录、版本知识。两年以后，到南京萃文书店师从其姑父朱甸清学习目录、版本之学。陈恒和病逝以后，始回扬州主持其家书铺。"历时五年时间，并且靠其妻变卖首饰来补刊刻之资，才刊成这么一部丛书，古人刻书之不易，由此而可见一斑。到了 1956 年，陈恒和书林并入扬州古籍书店时，这套书版也一并归了过去，而扬州古籍书店正是因为有了这套书版，才渐渐变成一家在古籍界有影响力的出版社，这件事令很多人始料未及。

对于这个转变，徐雁、谭华军在文中其实已经提及，那就是当年的扬州古旧书店曾经利用这些版片刷书售卖。而转变的具体过程，赵文文在其所撰硕士论文《广陵书社研究》中有详细论述。论文提到扬州古旧书店最初以抄写和油印的方式来复制一些珍罕之本，这样的书虽然大受欢迎，但抄书速度毕竟太慢，于是他们就考虑用旧版来刷印书籍。但是这些书版因为历史的原因已经残破不全，需要重新补版，书店里的"古旧书修补小组"成员并不会雕版技术，而扬州东南的杭集镇则是有名的刻版基地。于是书店从那里请来了五六位写工和刻工，使得刷版之事迅速开展了起来。

看来这些旧版新刷之书颇受市场欢迎，于是古旧书店就向上级打报告，希望成立专门的机构。到了1960年春天，在扬州市长钱承芳的支持下，扬州文化主管部门批准成立了"扬州市广陵古籍刻印社"。该社的性质属于大集体所有单位，虽然如此，它依然属于扬州古旧书店的下属单位。

刚成立的广陵古籍刻印社最初只有十余位工作人员，每年仅能生产一两千册。古旧书店为了改变这种局面，提出了大胆的建议，赵文文的论文中写到：

> 为了改善这种小规模的生产状态，扩大古籍生产，扬州古旧书店向熟知江浙雕版印刷情况的技师搜集了很多关于版片收藏的线索。当时的编务陈履恒、写校兼雕版师陈礼环、雕版师陈正春、印刷师韦永兴、装订师林知明等人都提供了大量线索。在熟知行情的基础上，当时的副经理周光培发起了一个大胆的提议，向上级提出了将全省古籍版片集中保管和使用的书面建议。不久，江苏省文化局就发出通知征集省内藏版。扬州市政府遂将广陵古籍刻印社迁到高旻寺内，将原苏北干部疗养院房屋有六十余间房屋作为版片仓库和雕版印刷车间。

在那个时代，有些事情只要想得到，就容易做起来，更何况还有相关部门的指示。徐雁、谭华军的文中写到："1960年秋，根据国务院有关抢救文化遗产的通知精神，江苏省新闻出版局党组书记周邨同志召集有关人员会议研究确定，全省各单位所藏木刻古籍版片统一集中到扬州保管，有关经费由省文化局拨付，业务由江苏人民出版社总负责，扬州市古旧书店参加其事。"

随着版片的积多，刻印社无法盛放，于是他们就在高旻寺一带找到了新址，将刻印社迁往该处："1962 年初，广陵古籍刻印社迁址完毕，扬州本地、苏州和南京等地的版片已经源源不断地运到了刻印社内。浙江省图书馆也和刻印社达成协议，将部分藏版交给广陵古籍刻印社整理、修补、重印。广陵古籍刻印社用了一年左右时间集中了约二十万片版片，其中丛书有 57 种，单行本 125 种，共计 8900 多卷。"（赵文文《广陵书社研究》）。正是这样的扩建，使得刻印社的人员增加到了 60 余人，年产量也达到了六七万册，同时数量巨大的书版也渐渐汇在此处。徐、谭在文中称：

> 扬州市政府决定将三汉河高旻寺内原苏北干部疗养院的60余间平房作为版片仓库，由扬州市古旧书店负责保管。对有价值的古籍，则经选题批准手续以后可予补版以后重新刷印。到1962年，原存于南京、苏州、扬州等地各单位，以及浙江图书馆的部分板片，都陆续运至扬州。此举共计集中书板久有20万片，内含丛书42种，单行本约140种。

此后，各地古籍书店的架头上都出现了广陵刻印社旧版新刷之书。当年这些书的价格极其便宜，我记得一大撂的《广陵丛刻》售价仅 200 多元，如今这个价格连这套书的函套钱都不够。从这个侧面也可看到，扬州古籍书店推销能力之强。

他们汇集这些版片来刷版的时候，并没有意识到，后来正是这些书版促成了中国雕版博物馆的建立。这家博物馆规模之大，估计当初提意搜集旧版的员工绝对不会预料得到。

现在来看，当年提议搜集旧版的这位员工是何等正确，因为广陵刻印社成立没几年，就赶上了"文革"，很多书版都毁于这个阶段。赵文文的论文中转引了国家雕版传承人陈义时的话："那时候从浙江南浔拖了几轮船版片到我们这里，《四明丛书》《西厢记》都是从南浔过来的，那时候的版片比现在多一倍还不止。文革时候，红卫兵把版子烧掉了。原来三十万片，大概还有十万片左右。刻印社只有几千片。"通过陈义时的叙述，更能体味到当年广陵古籍刻印社搜集版片的举措是何等正确，否则很多书版都无法流传后世，中国雕版博物馆更不可能有如此丰富的藏品。

阻止雕版的毁坏还是靠领导的批示，但如何使得重要领导关注到这个角落，则有其偶然性。赵文文在其论文中写到："1972年，《人民日报》一名丁姓记者来到扬州采访，听说了扬州版片的受损情况，立即赶到高旻寺。在目睹了版片的受损惨状后，十分震惊和愤慨。他随后在'内参'上撰文披露此事，引起了周恩来总理的重视。周总理亲自指示国务院文博组调查，务必抢救书版。"

正是因为相关领导的批示，许多书版被保留了下来，广陵刻印社得以继续旧版新刷。但是，从严格角度来说，广陵古籍刻印社不是出版社，并没有出版权，那么，他们所生产出来的印刷之物有没有问题呢？广陵书社社长曾学文曾提到过这个问题："从我到这里，我们一直算作一个准出版社，因为80年代末90年代初，国家对出版的管理是很严格的。98年之前，以印刷为主，我们自己也做一些出版。因为没有事业号就没有书号，我们当时还用了一段时间自编号。广陵GLH自编号，哪一年多少号。我们发行当时就是心照不宣的，把我们作为一个准出版社来看。我们也参加订书会。一般知道我们这个情况的，就没有太追究了，不太熟悉的，在云南就被作为非法出版物，把书扣押了。后来我们找省新闻出版局写书面报告解决这个问题。"

看来，当年的广陵刻印社所出之书乃是处于灰色地带，到了1999年，这家刻印社更名为广陵书社，但依然没有出版权，此后在国家领导人的关怀下，到了2002年，广陵书店正式成为了有出版权的出版社。

1998年，我前往中国书店总店去看书，在那里结识了扬州古籍书店经理刘永明先生，后来与他渐渐熟识起来，方得知他同时兼广陵刻印社社长。后来广陵书社出版社建成后，他同时又任该社社长。再后来，扬州又建起了中国雕版博物馆，他同时又兼任该馆的馆长。

关于雕版博物馆的来由，刘永明告诉我，这正是他的主张。他跟有关部门打过三次报告，都没有得到批复，后来他决定再搏一把，于是第四次打报告，这次竟然批了下来，但是批复报告中却写明，雕版博物馆不给编制，不给资金，也不给场地，仅是一块空牌子。不过刘永明觉得，有这块牌子在，很多事情就好办了，只是没有办法展示而已。于是他就以雕版博物馆的名义做了一些事，可能正是这些事的影响，使得省里有人提出，给一个亿的拨款来建造雕版博物馆。但刘永明认为，社里所存的雕版不足以支撑这么大的馆舍，于是就跟省里说，要五千万就够了。后来有关部门商议，决定将中国雕版博物馆和扬州市博物馆合二为一，共同建造一座双博馆。如今这座博物馆早已建成，其影响力之大竟然成为了前往扬州游览之人的必访之地。而我也给该馆做了一点小贡献：捐出了一些古代的纸样，该馆还曾设专柜予以展出。

扬州古籍书店不同之处恰在这里：它原本是一家收售古旧书的商店，后来变成了出版社，再后来又建成了体量庞大的博物馆。几十年的时间内，连上几个大台阶，这是其他古籍书店绝没有过的经历和作为。

2015 年 4 月，我再次来到扬州，正赶上韦明铧兄开政协会议。他是主要发言人，没空带我到处转悠，而相识多年的刘永明先生虽然早已升为扬州新华书店总经理，但此时已经退休多年，我不好意思再去打扰他。正巧当地接待的朋友说他跟现任的扬州古籍书店经理很熟，且自告奋勇带我前往，于是我跟着他再一次踏入了这熟悉的店堂。虽然隔了十几年，我对这里依然有着亲切感。店里的一楼已经改做他用，这也是各地古籍书店通用的做法——把寸土寸金的商业之地租给他人使用，所得租金远远高于自己经营书业。我以往每看到此况都会有一种无可奈何花落去的失落感，而今已知天命，承受能力以及钝感力都得以提升，终于接受了"存在就是合理"这个颠扑不破的真理。

跟朋友来到二楼，楼梯两侧的店堂都是经营书籍的，左手一间专门经营二手书，里面有上百平米的营业面积，右手的一间面积同样如此，里面主要是新书，线装书我仅看到一架。中厅的位置，也就是楼梯的过道，陈列着一些新印线装书。我发现了几部感兴趣的，于是支起相机准备拍照，没想到身后一声惊诧，一位女店员冲过来没好气地告诉我："这里不准拍照。"朋友这才想起来，他还没找到经理，于是问店员经理在哪里。店员仍然怒气未消，没好气地说："经理不在。"朋友问她可否给经理打个电话。店员告诉他："经理的电话怎么可能随便打。"没想到竟然僵在了这里。看来，带我前来的朋友只是一片好心，其实他于此店并没有太大的面子。俗话说"货到地头死"，如果没有熟人，就算进了店里也是这样，但我不死心，于是坐在那里搜肠刮肚地想着应对之策。

此时我突然意识到：如果不找刘永明，恐怕今天的拍照任务难以完成。他曾在这里当过经理，想来请他说情应该还能管用，于是马上给他电话。他听到了我的困难，立刻安慰我没问题，说他即刻赶过来，我很功利地跟他讲："您不必费神过来，只要把古籍书店经理请来即可。"他说马上给店经理打电话，让我稍等。十几分钟之后，从楼梯走上来一位英俊的年轻人，穿着颇为入时，头发修整得一丝不乱，我还在想：这等时髦之人为什么还要进旧书店？本来一脸怒容的店员马上冲着这位年轻人叫经理。我还没有醒过神来，这位年轻人便冲着我跟朋友问："哪位是韦力？"

原来这就是古籍书店的经理。这个反差超乎想象，以我跟各地古籍书店交往的经历，还第一次见到这等英俊时尚的年轻人当古籍书店的经理。他有礼貌地递给我名片，上面印的头衔确实是店经

$\dfrac{1}{2}$

1. 新印线装古籍　2. 中厅的另一面

理，由此我也知道了这位现任经理名叫陆晔。名字都起的这样有文采，可见扬州古城的文化底蕴之深。陆经理向我解释说，因为今天是星期日，所以他休息，刘总给他打了电话之后，他专门为此赶了过来。我没有想到这一层，于是向他表示了歉意。陆经理说话很是淡然，说没关系，问我有什么要求。我跟他讲自己想要拍摄店堂，同时想去拍摄线装书库。他说店堂可以拍摄，但是因为今天管库休息，库房拍照恐怕要过两天。我跟他讲，自己已经定好了行程，明天一早将前往镇江。陆经理说，这也无妨，只要把拍摄的要求告诉他，由他帮我代拍。我的整个寻访之旅，包括旧书店之旅，都是自己亲眼所见，亲手所拍，我强调这个亲眼与亲手，并不是说明我拍得多么好，重要的是希望得到一种真实的感受。然而在那一刻我转念一想，虽然不能亲自去拍，但毕竟还是有真实的影像资料在，也许多少年后同样是一份有价值的史料，于是就同意了陆经理的建议。

跟陆经理交待完之后，我就开始在店堂内拍摄。那个店员见此情景转身离开了，可能是不愿意看到我做她不愿意看到的事。虽然知道各地古籍书店上架的线装书都很少，但我仍然没想到扬州古籍书店的线装书只剩一个书架，而这一个书架之内的陈列也稀稀拉拉。我忍不住跟陆经理表示了自己的感慨，他说确实如此，各地的古籍书店都面临这个问题，即古书越卖越少，收购却越来越难，作为店经理，他当然不愿意把自己的家底卖空。

回到北京之后没几天，我就收到了陆经理发来的仓库照片。从照片上我已经回忆不起这是不是自己当年选书之地，照片上显示大门口有扬州市的文物保护牌，保护的主体是"王氏住宅"。由此想来，这里很可能就是我选书的那个地方，只是那个时候还没有挂起文保牌。再看书库内的照片，果真是自己熟悉的氛围，我认定这里就是自己当初的看书之所，这种亲切感简直无法形容。

可是，就在我写这篇书店探访之文时，才发现找不到当时自己拍的书店照片了，可能是文档分类时不小心做了删除，偏偏在回收站内也找不到痕迹。这种情况在我寻访的过程中极其少见。此时我又想到了陆经理，于是打电话给他，向他说明情况，希望他能帮我补拍几张店里的场景。陆经理很有耐心地听了我的描述和要求，答应过几天就帮我办。此后不久，邮箱里便收到了一组他所拍摄的照片。扬州之行又多了一层意义：扬州古籍书店的所有照片都非我所拍摄者。为了不忘陆经理的帮助，也不忘他代我拍片的辛苦，我不能掠人之美，故特此说明如上。

扬州古籍书店在业界的影响力很大，其实还有一个原因，那就是该店有过著名的抄书之举。正如赵文文所言，当年的古籍书店就是觉得抄书慢，才开始旧版新刷，而后产生了一系列意想不到的结果。该店所抄之书，近几十年来我见过不少。这些书时不时就会出现在拍卖会中，然而拍卖图录却并未写明这些书乃是扬州古籍书店的新抄本，故有时还能拍得善价，这件事当年的抄书者大概也未曾想到。广陵古籍刻印社前社长刘向东曾经写过一篇《扬州古籍书店抄本书小记》，文章详细叙述了该书店抄书的缘起及抄书的细节："好在我刚参加工作就参加了扬州古籍书店的抄本书工作，还清楚地记得近百种书目和工作思路以及操作程序等等，后来一段时间还

1. 扬州古籍线装书库是
文物保护单位
2. 入口处

后室的书架

曾负责过抄本书生产，全部流程都有清晰记忆。"

扬州古籍书店从何时开始进行抄书活动，刘向东说他也没有查到具体的日期，据他所见，该店最早的抄本是 1961 年。如此推论起来，这个抄书活动应当始于上世纪 50 年代末，也就是该书店成立不久后的几年。为什么要进行抄书活动呢？刘向东在文中有如下简述：

> 20世纪初的各地大型书店、出版社，就有用珍稀版本做底本影印出版，以求更高的利润的传统做法。……但由于不是所有的书籍都有大量的市场需要，许多珍稀善本有市场需要但数量并不大，采用抄本复制的方法比较简单易行，加上抄本书的生产基本都用手工纸和传统的抄写方式，加上地道的线装书装帧，容易被读书人和收藏单位接受，故此作为出版的补充形式之一（也有用钢板铁笔油印复制书籍的，而人们普遍认为油印本采用的纸张油墨不利于长期保存，比不上传统的抄本书），在20世纪的前六七十年，抄本一直流行。除少数图书馆使用抄写方法补配古籍图书外，主要表现在大中型古籍书店都开展有多少不等的抄书业务。

但这样的活动到"文革"时期只能停止，"大约在 1973—1974 年间，'封资修'书禁慢慢解除，市场对古旧书资料又重新产生需求，古籍书店于是开始恢复抄本书的生产。查查各家图书馆的书目，会屡屡见到天津、杭州、西宁、兰州、苏州、扬州、泰州等地古籍书店的抄本书的踪影。其中，扬州古籍书店开展抄本书工作前后达三十多年，抄写的古籍书数量约 150 种，总量达三四万册。"由此可知，当年竟然有这么大的抄书量。

至于如何选择所抄之书，刘向东在文中也列出了三条标准，当然史料性强、流传稀少是最主要的选择方向。书店抄书的主要目的当然是为了营利，所以所抄之书也要提前预测是否会有好的市场销售。而抄书也能给员工带来一些额外收入，具体的抄写价钱，刘向东在文也有记录：

> 抄写工价 1974 年为每页 0.1 元，1978 年左右改为 0.12 元。满页双行小字则工价高一倍，不满页的双行小字视字数多少增加工价，每种书的工价实际是固定的。在职人员利用空余时间抄写，贴补家用的，每人每天抄 5 – 6 页；无业人员或退休人员，整日抄写大约可以抄 10 张以上；听说最多的人一天可以抄到近 20 页。当时，如每月可以得到 30 元左右的收入，就大致相当在职人员的月工资了。为避免抄工只顾数量不顾质量，规定一页如出现三个字以上的讹误，则要发回重抄，并至迟在第二天前交来，不影响校对。如有串行、漏行等严重讹误，更要重校。当然，因为行款固定，串行不易发生。

这种创收手法应该解决了不少职工的生活困难问题，但不是所有人都能得到这样的福利，因为抄写之人必须能够写一笔中规中矩的正楷小字，同时还要求自己解决笔和墨，特别是强调不能用墨汁来书写，必须自己研墨，一旦发现是用墨汁抄写，就会被收回销毁。难怪这些书能够出现在拍场中，毕竟抄写质量确实有保证。而刘向东在文中还特意提到了抄写所用纸张："扬州古籍书店 20 世纪 70 年代所用的抄书纸据笔者所知，均是从镇江土特产公司购进、产于溧阳的玉扣纸。"

近些年，古籍用纸经过我不断地呼吁，渐渐受到了业界的重视，但因为古书用纸地域性很强，很多纸张难以确定名称，而刘向东在此文中，能有这样的表述，至少给业界研究古书提供了直接的证据。

旧址扩容 　江南榜眼

苏州古籍书店

　　我第一次去苏州古籍书店已是二十多年前的事了。自从有了古籍拍卖会之后，店里的善本大多供应拍卖会，印象最深的是嘉德从这个店拿到了劳格的批校本《恬裕斋书目》。以那个时代的价格来说，这部批校本标价不低，后来被他人买去了。过了这么多年，我一直惦念着那部书的下落。再后来不知什么原因，这个店里的善本不再供应市场，听说是封在了一个小房间内。知道这个消息后，我就很少再去此店。

　　这次为了拍照，我联系了黄舰兄，他说跟现任的古籍书店经理卜若愚先生是朋友，可代我联系。再后来，黄兄回电话说，卜经理同意我前往书店拍照。

　　我从黄兄处得到卜经理的电话，那日一大早我便打了过去。卜经理表示已得知此事，正在店里等我。然而，早晨的苏州打车真是困难。因为不好意思让卜经理等得太久，于是又打电话过去，告诉他我打不着车的情形，他说下楼想想办法。刚放下电话，我就等到了一辆黑车，结果车开了不到五分钟就到了书店，正赶上卜经理在楼下跟一个三轮车经营者说话。他告诉我上班时间打车的确不容

苏州古籍书店跟苏州文物商店为同一座楼的两侧

易，因为知道我住的酒店离此很近，正想坐一辆三轮车接我过来。这是我第一次见到卜经理，没想到他这么年轻，说话不卑不亢，且能很领会别人的言外之意。

苏州市古籍书店跟文物商店是同一栋楼的两边，这座楼是典型的苏州仿古建筑，处在闹市区的繁华路口。黄裳先生在文章中几次提到他到访的情形，其中有一篇说，有一天他从店里出来，感觉到有一些疲惫，就坐在门口休息。可是，我在书店门口却看不到哪里有能歇憩的座椅或者台阶。况且那日的书店门口，还用蓝色的铁皮做起了围档，一副紧张施工的模样。卜经理介绍说，店里一直停业装修。我说，这么好的位置，停业真是一种浪费。他说确实如此，因为这里一直坚持经营古旧书，但经营情况并不很好，所以领导决定改制，将下面的几层分别承租给不同的单位，只在四楼留一部分经营书籍的店面。

卜经理说到的情形，基本上是国内各地古籍书店的普遍问题，由于历史原因，古籍书店的店面大部分处在城市的繁华闹市区，有些还占据着最黄金的地段。从经营上来说，买卖只差寸地。因此，古籍书店的店面也是商家颇为垂涎的风水宝地，认为在这种地方，除了卖书，卖什么都会有足够的客流。书籍沦落到这种地步，像我这等无能之人除了感慨，却也没有丝毫改变的能力，因为书店也是经营单位，重在利润，经济效益才是考核领导能力的硬指标。在这种氛围下，很多古籍书店都会把大部分店面租出去，收取的租金比自己卖书要高得多。这当然不是经营者的问题，读书环境江河日下，谁有可能来阻挡这个潮流呢。

进入古籍书店的店堂，里面仍然是施工场地，以我的这点经验来看，里面虽然看着很乱，但实际的装修工程已经完成了95%，卜经理夸奖我果真有眼光。我对他店里正在制作的木书架感了兴趣，这种书架长长的一排，从外观看，也就是寻常的模式，但有意思的是，在书架的每一档格的中间位置，又竖起来半截的一块木条。这个式样的书架，我第一次见到，没明白这是什么意思。卜经理说，这是他无意中得到的一个小灵感，因为单个书架的宽度较大，插放

1. 店内正在装修　2. 巧妙构思的书架

的书，若抽出其中几本，其他的就会侧倒下来，这个问题一直没有想到好的解决办法。但某天在装修现场，做书架的工人无意中将一块木板以这个姿式放到了书架上，他突然来了灵感，觉得在每格书架上装上这么一块档板，里面竖放的书就不容易侧倒下来。

我真佩服他做事的用心，笑着说，像你这样一心替企业着想的经理，真可以做万万年。然而他却正色的跟我说，不会，我的这个经理大概还做十几天。我转脸看他，感觉他不像开玩笑的样子。他仍然认真地跟我说，店里的装修快结束了，再下一步的任务就是整理店里的库存残书，因为残书量很大，从来没有做过系统的整理，现在苏州古籍书店已经合并进江苏凤凰集团，所以要清查资产。他对行政管理并没有太大的兴趣，再加上下一步书店大部分的店面就要出租给不同的单位，他这个经理自我感觉用处也不大，不过他对古旧书的感情很深，于是主动提出自己不当经理，但是愿意用几年时间把店里的库存盘查出来。

卜经理说这些话的时候，语调极其平缓，既无慷慨激昂，也无一丝哀叹，但我却佩服他那种为了自己所钟情的书，而对职位并不贪恋的勇气。在当今的社会中，太少有人能如此平和地激流勇退。虽然仅仅是几句话的聊天，但我对他的崇敬之情，又增加了三分。

古籍书店院内另一侧是店里的办公场所。卜经理把我带入此楼，打开了一个房间，地上堆放着一些线装书，他解释说，这就是自己的整理场所，原来他的整籍编目工作已经开始。我问他这些书可否拍照，他说当然可以。但这些书因为还没有整理完毕，只是一摞一摞地堆在地上，我完全不知道挑哪些书来拍照，只能随意地寻

堆在地上的线装书

找一些自己感兴趣的。

　　我翻到一部《滂喜斋丛书》，这部书虽然只是个清末刻本，但在市面上流传的却不多。喜欢这种书，只是我个人的偏好而已。如果摆在书架上，估计也不会有什么人多看两眼。我还在书堆中翻到了一部《众香集》，此书也不多见，还保留着原签。有一部很厚的书引起了我的注意，书名叫《大全早引节用集》，为横开本，厚

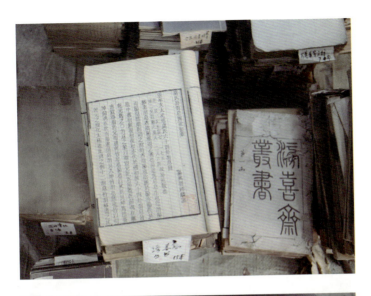

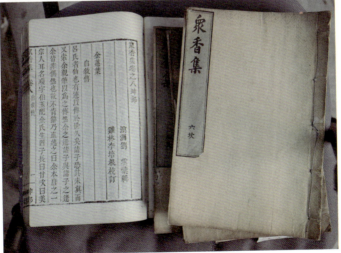

1. 《滂喜斋丛书》　2. 《众香集》

1. 《大全早引节用集》牌记　2. 《大全早引节用集》的厚度

度至少超过了五册线装书。余外虽然能翻看到一些残本，但却找不到任何难得一见之书，让我多少有一点失望。卜经理看出了我的心思，说店里的善本的确是封存了一些年。因为店面装修，所以将那些书全部装箱，运到了别处一个仓库内存放，现在无法观看。这种状态，我当然能够理解，只能感慨自己来的不是时候。后来又一想，即使我来的时候店面没装修，不同样也是看不到善本书吗？这一转念，就让自己的心情平和了下来。

我跟卜经理讲，因为墙外的围挡，我无法拍照到古籍书店的外楼面。他说有办法，语毕，便带着我下楼从地下通道穿过宽阔的大马路，来到马路的另一侧。他指给我一个角度，说这里拍摄最佳。拍完照之后，卜经理问我还有什么安排，我说想前往江澄波老先生

围挡后的苏州古籍书店

的书店，卜经理告诉我打车前往需要绕路，不如乘三轮穿小巷，就会近很多。我谢过了他的好意，坐上一辆三轮，没想到他也坐了上来，跟我说，想起来去文学山房的路上还要路过一家书店，这家书店虽然不大，却评上了苏州最美的书店之一，他建议我去看一看。

三轮车在一条小街内穿行了不到三分钟，就在一栋楼的底商之中看到了他所说的那家最美的书店。书店名叫"慢书房"。看到这个名称，我马上联想到了北京的"漫咖啡"，此"慢"虽非彼"漫"，但是每家漫咖啡都有的那棵巨大的枯树是我必定仔细端详之物。我为什么执着于此，自己也说不清。但感觉这个东西，如果能够说明白，也就不是感觉了。我希望在这家慢书房中，也能找到这种感觉。

在书店进门的地方，我发现了自己的第一个错误，这里立着一块江苏省新闻出版局颁布的"江苏最美书店"的名牌——原来是省级的，我却把它降为了市级，校花当然比不过市花。我正准备站在门口拍照，看到里面有一位女店员望着我。我不知道这种直视的眼光是否意味着拒绝，于是请卜经理先进店内请示。他出来告诉我说，可以拍照。进入店内，我果真感受到一种西式书房的美。能够看得出，店里所有的物件及书的摆放，都是经过精心设计。入口处摆着两张白色的桌子，上面平放着一些书，旁边有一块黑板，上面写着"很多人喜欢的书"，底下列出书名。卜经理看了看这些名称，然后问那位女店员："上面为什么没有《古书之美》？"他的这种问法，让我突然想起一句"此地无银三百两"。当然，这个词形容得可能不准确，但的确是我在那一刻的想法。

书店里静悄悄的，没有一位游客，也没有放背景音乐，只有一位年轻的女士文静地坐在收银台后。我不知道她是店主还是店员，但我能感觉到，她的文静很跟这个店里的风格相得益彰。她听到了卜经理说的话，仍然文静地说，这个书卖完了，听说出版社不准备再加印，已经绝版了，所以她进不到货。她不明白这么好卖的书，为什么不加印。她的这个反问，卜经理当然无法回答，转头看着我，我觉得有必要为这件事做个说明，于是告诉那位文静的姑娘，《古书之美》不是绝版了，而是因为所用的那种特殊的日本纸用完了，如果再用其他的纸来印刷，担心读者提出质疑，所以，准备下一步改成印平装本。印平装再换纸，也就不会让别人察疑。

　　这个姑娘听完我的回答，反问我一句：你怎么知道得这么详细？卜经理说，他就是作者呀。然而，那位姑娘的第一反应却是："原来你就是跟安妮宝贝共同写书的那位，安妮宝贝的书我特别喜欢看。对了，她为什么改名叫庆山呀？"姑娘的一连串问话，都是关于安妮宝贝的，好在我已习惯了这种问法，于是耐心地回答了她特别关心的关于安妮宝贝的各种事。关于《古书之美》，不少的朋友都质疑我为什么跟安妮宝贝做了这么一本书，我说自己很庆幸能够认识她，正是利用了她的名声，才让那么多对古书完全不了解的人，知道天底下还有这么一个行当，还有人对古书有着刻骨铭心的挚爱，因此，我对安妮宝贝的感谢并不只是因为自己，我觉得自己同时还代表了不少爱书人的心声。

　　以上的寻访日期是 2014 年 12 月 4 日，此后的几年我又多次来到这家苏州最大的古旧书店。我在这里不只看到了不少未见之本，

1. 与慢生活相符的慢书店　2. 慢书店内景

更多者也是通过跟卜若愚先生深入的交谈，进而了解到他对古书之爱，同样是深入骨髓。虽然他有着不少的谦虚之语，但谈到版本时，却是一副"吾爱吾师，吾更爱古书"的当仁不让。近两年，卜先生又在店里搞起了系列讲座，我的新书《觅理记》还未印出，他就提出要求，到他的店里举办首发式。在那场聚会上，经其热心张罗，来了不少旧友新朋，与朋友的聊天中更让我了解到，卜经理对于古书的整理下了很大的工夫，而我也渐渐地对苏州古籍书店有了更多的了解。

就南方的市场而论，苏州的古旧书市场规模仅次于上海，排名第二。当地市场之繁荣，远的就不再论述，仅民国期间，这里就有几十家旧书店。余珍晚在《文苑掌故》中有着这样的描述：

> 苏州是文化古城，三十年代到五十年代，市内古旧书店大小数十家，经史子集、稗官野史、木刻石印、铅排手抄，色色俱全；四方癖书者，常来淘金。一些大城市的书坊老板如上海来青阁主人杨寿祺等，也在苏州设有分店。他们除坐堂收购外，还派人到城乡藏书人家着意访求。

然而这样的繁荣到了民国后期迅速衰落了下来，衰落的原因跟抗日战争大有关系。1945年冬，高泳源回到苏州，到当地最有名的书店街护龙街转了一圈，看到的情形颇令其失望。他将自己的所见记录于《漫记当年旧书肆》一文中：

过去那种兴旺景象已经烟消云散，店铺七零八落，萧条异常，大概就在原来青阁的北面不远，有人当街摆着书摊，这是以前少见的。陈列的书倒也不少，而且以新文化书居多，其中见到一册王国维的《宋元戏曲史》，是商务印书馆所出的民国初年版本，这种变化说明，护龙街的旧书铺也在走向平民化了。

　　贵族的护龙街古籍铺固然是衰落了，但玄妙观西脚门的旧书铺却由战前的一家增加到五家，暴露出苏州人为了维持生计，不得不将家藏的一些书也拿出来变活钱了。

　　此后的一年秋天，有署名"苦竹斋主"者前往苏州讲学，而后写了一组书话文章，名叫《书林谈屑》。其中一篇《吴门访书》，谈到了苏州古旧书市场的冷落情况：

　　　　吴门坊肆，十之八九集中于护龙街，除文学山房、来青阁及求智书店之外，尚有松石斋张氏、翰海书店吴氏、觉民书社陈氏等数家，规模狭小，门庭冷落，奄奄一息，已在存没之间。惟余曾从翰海破纸中获孙毓修氏手稿《涵芬楼读书录》二册及明嘉靖刻白棉纸印胡可泉《拟厓翁古乐府》二卷，两书均颇有价值，后者尤属罕见。玄妙观内有文庐书庄及新新、新生、大公、新民等书店，非经营新书文具，即形同冷摊，毫无生气。观前则高楼敞肆，百货纷陈，更无旧书业立足之余地矣。

　　关于苦竹斋主，有人称他的本名叫周连宽，毕业于武汉大学的前身——文华大学图书馆学专科，还做过上海市立图书馆馆长，是典型的图书馆资深人士，难怪他能从破纸堆中选出那么好的书。

到了 1949 年，黄裳先生又到苏州访书，以独特的眼光挑选到一些不为人留意的善本。他在《苏州的旧书》一文中，写到自己在集宝斋中看到了一屋子的旧书，并且意外得到了一本清初刻的女词人徐灿的《拙政园诗余》。

之后的几年，整个社会氛围有变，古书被作为"四旧"大批量清理出来，不少历史典籍从此变成了纸浆。1951 年秋顾颉刚回到苏州，他将了解到的情况写成了一篇名为《书的论斤》的文章：

> 今年秋，予以出席苏州人民代表会议还里，至文学山房，与肆主江静澜谈，知一九四九年后人家藏书散出，秤斤售与纸商，仅五百元一斤耳。旧报纸价较旧书为贵，以其适宜于造纸也。近来北京书估多来购书，出价渐高，至今日每斤升至一千七百元，大量捆载以去，售与北方纸商，则每斤三千元矣。以其几加一倍，除运费外尚可赚钱，故书商竞为之。此中不知牺牲若干好书。南京文物管理委员会知之，令南京图书馆尽量买秤斤书，予往南京，晤以中，知已秤若干万斤矣，是亦抢救也。此次革命，社会彻底改变，凡藏书家皆为地主，夏征秋征，其额孔巨，不得不散。前年赵斐云君自北京来，买瞿氏铁琴铜剑楼书，初时还价，每册仅二三千元耳，后以振铎之调停，每册售六千元，遂大量取去。（按：抗战前宋版书，每页八元，迩来币值跌落，六千元盖不及从前一元，而得一册，可谓奇廉。）

好在这种情况在有关部门的干涉下，渐渐得以转变。1954 年 2 月 4 日，江苏省新闻出版处审批通过了一批私营旧书店，其中苏州市被核准的经营者有 24 家。到了 1956 年，全国兴起公私合营运动，苏州的古籍书店及旧书摊也基本上合并进苏州古籍书店中。关于合并的情况，何忠林在《以史为鉴，振兴古旧书业》一文中有如下记载：

> 当时尚存的古旧书铺、摊32户，资方及从业人员45人分两批进行改组。……改组后的店号，统一更名为"公私合营苏州市古旧书店"，其经济为独立的核算单位，下设文学山房、东方、大众、来青阁四个门市部。文学山房于同年10月4日对外营业，其他三个门市部于12月26日对外营业。

看来，合并初期的名称叫古旧书店，而后才改为古籍书店。关于该店的经营场所，徐雁在其专著《中国旧书业百年》中称：

> 1958年，一度设有"古旧书店管理委员会"，主任委员由苏州市新华书店经理兼任，负责业务协调。1961年，大众、东方、来青阁三个门市部被撤销，仅保留文学山房门市部。如今古色古香、门第恢弘的位于苏州市人民路乐桥北堍的"苏州古旧书店"，就是在当年苏州文学山房的原址上逐步发展建设起来的。

如此说来，我曾前往拍照的古籍书店原本就是苏州文学山房的旧址，而此店门前的人民路就是当年的护龙街。其实护龙街在当年的地位，有如北京的琉璃厂和上海的四马路。

公私合营后的苏州古籍书店曾有十年的繁荣期，因为从1956年开始，全国兴起了"百花齐放、百家争鸣"的好局面，同时又有向科学进军的号召，因此国内很多文教单位都到古旧书店去买资料书，使得旧书店空前繁荣。但是这种繁荣局面到"文革"时期便戛然而止了。何忠林在其文中写到：

> 在所谓的"破四旧"的高潮中，古旧书店首当其冲，陈旧的线装书籍，被"小将们"看作是典型的"四旧之物"，雅趣横生的古旧书店更被称是"封、资、修"的黑窝。在这场厄运中，古旧书店为免遭更大的损失，只得采取"丢车保帅"的办法，装装门面，遮遮耳目。从书库中挑选出戏曲小说、弹词宝卷、佛经、家谱等方面的古书，以及抗战前出版的新闻画报和电影画报等书籍，被"造反派"装上了两条大船，运到市郊横塘造纸厂销毁。就是这样，这些所谓"革命无罪"者为防止中途有变，还是指派专人监督押运，下缸销毁。呜呼！这些史料价值极高的文化遗产，就这样葬送在这批红得发紫的"造反有理"者手中。据不完全统计，苏州市约有三百吨图书资料被销毁。

这么多的资料化成了纸浆，读来怎不令人唏嘘。而当时苏州古籍书店的员工也被全家下放，江澄波等先生被下放到了苏北农村，他们在那里生活艰辛，直到1978年10月才得以返回苏州，重新回到苏州古籍书店工作。而在此之前，苏州古籍书店已经改变性质重新开张。徐雁在其专著中写到：

> 1972年10月，苏州古旧书店在怡园对面的人民路342号原址重新复业，以臧炳耀先生为主任，确定编制为14人。古旧书店由"公私合营"改为"国营"，隶属苏州市新华书店，同时公开恢复开放了已停业六年的古旧书门市部。复业之初的数天内，一些上架的中国古典文学作品和字帖、画册之类被一抢而空，说明当时社会上"书荒"现象之严重。

进入上世纪80年代，古旧书业又再次繁荣，但面对强大的市场需要，书店的库存又发生了问题。黄裳先生在《苏州的旧书》一文中写到：

> 三十年过去了。人民路上已是一番崭新的景象。古旧书店还剩下了一家。偶然走进去，承主人的好意让到楼上去看书。依旧是满壁琳琅，不过和三十年前相比，那时摆在地摊上的货色，似乎还要比现在放在玻璃橱里的质量高得多。这是不能不使人叹息的。曲园可以重修，可是当年的书店街的盛况就不容易恢复了。即使是重开几间门面也不顶用，就和北京的琉璃厂一样。

由此可见，黄裳前来看书之处就是现在的苏州古籍书店，因为那时的护龙街上已经是仅此一家，别无他店了。黄裳当年买书是亲见过市场的大繁荣，而今看到玻璃柜内的书，却只能叹气摇头，真可谓曾经沧海难为水。他对苏州古籍书店大不以为然，为此把北京琉璃厂的状态也捎了进去。

进入上世纪 90 年代，国内兴起了古籍善本拍卖会，我在嘉德的拍场中时常能够看到一些苏州古籍书店提供的拍品，其中印象最深的一部乃是《恬裕斋书目》稿本，此乃铁琴铜剑楼早期善本目录的原稿，装在一个特制的木箱内，因其底价太高而流拍。若干年后，当我认识到该书的真实价值所在，再追寻此书时，闻听已退回到苏州古籍书店。而我通过关系想与该店商量买下此书时，对方回答说，此书已经入了善本库，不再出让了。

后来我了解到，该书店人事调整之后，新领导不希望店里再出售善本，故将一些好书挑选出来，放入了一个单独的房间。大概在2000 年左右，我前往苏州古籍书店去看书，当时此店还处在老位置上，虽然玻璃柜里也摆放着一些线装书，但的确看不到难得一见的善本了。

好在，随着形势的发展，古旧书业得到了重视，《江苏图书发行志》第三章专门记录了 1999 年前苏州古籍书店的业绩：

苏州市古旧书店为在全国较有影响的古旧书店，在收购古书，抢救祖国科学、文化遗产方面成绩斐然。江澄波原为文学山房经理，精通版本，在古旧书店负责收购古籍业务。建店三十多年，为了抢救宝贵文化遗产，他与该店职工不辞劳苦地深入城乡民间收购，访问藏书家，或奔波外地搜集，以至到废品站、造纸厂，从废纸堆中收罗挑选，获得不少古籍珍本和革命文献资料。其中有《王状元集注编年杜陵诗史》，全书32卷，为宋版原本，可谓世间绝无仅有。挖掘抢救出的古籍珍品和文献资料，数量之多已无法统计，仅该店提供给苏州市文管会的地方文献和珍本古籍就有1140多册。1986年3月，该店建成新营业大楼四层1280平方米。1991年完成营业额157万元，1995年营业额达360万元，1996年达406万元，人均劳动生产率居全国古旧书店同行业之首。

到如今，苏州古籍书店同全国其他旧书店一样，都有着强烈的惜售心理。为了维持本店的营业额，不少古籍书店都靠出租门面房来赚取租金，还有的书店把主要业务放在了新线装及文史书方面。如今的苏州古籍书店也是这种状况，真不知道这个行业的未来会发展到何等情形。

南州所余　藏家晏聚
广州古籍书店

　　二十多年前，古旧书界活跃的人物并不多，但人们常常会提到一位叫老毛的人。那时老毛是广州古籍书店经理，虽然处在南国，却常到北方来活动，我在琉璃厂、天津古籍书店以及太原古籍书店都会听到店经理们提到他。大家对老毛的称道是因为那时古旧书的价格渐渐有了起色，但每一地的古籍书店基本上还是卖自己的库存，唯有老毛常到北方来换货或者同业之间买货，这在当时是一种较为先进的经营手段。某次我在天津古籍书店看到一批徐信符南州书楼的旧藏，彭经理告诉我，这就是前几年从广州古籍书店换来的货。

　　南州书楼旧藏之书从外观看有很强的特征，比如每一本的前后扉页都会用万年红，当然，这是广东书的一个特点，并非南州书楼专有；而第二个特点是这些书都或多或少有虫蛀，虽然做了修补，但修补手段并不高明，这一点也是南方书固有的特征之一；第三点则是南州书楼所特有者，即每一本书的第一页天头位置都钤盖一方蓝色横式戳记。我说这是戳记而不说是藏章，是因为上面所钤盖的每个章上都有日期，而这个日期是可以调整的，这就跟传统的印章

店堂正门

完全不是一个概念。并且这方章为蓝色，上面大字写着"南州书楼藏书徐汤殷整理"，后来我才知道这位徐汤殷就是南州书楼的主人——徐信符的儿子。

　　因为老毛的活动能力很强，所以我在北方几家古籍书店都看到了这些特征明显的南州书楼旧藏，也陆陆续续买到了不少，而后在拍卖会上也时有见到钤有这方戳记的书，也从中选购了一些。尽管我不是冲着南州书楼而买，但这些年在整理目录时，发现带有这种戳记之书有几十部之多。如此说来，我跟南州书楼，或者换一个角度来说，我跟广州古籍书店在我未曾到店之前就已经有了间接的关系。

某年，老毛又带着一位工作人员来到天津古籍书店，我在店堂里碰到了他。他看上去有着北方汉子的豪爽，但却讲一口广东普通话，说话时那种浑厚的堂音让人本能地就有一种亲切感。他热情地邀我前往他的店一看，说他那里也有不小的库存，虽然跟北方没法比，但有自己的特色在，而后又压低声音跟我说："到我这里来买书，肯定给你很好的折扣。"

　　可能是受了这句话的诱惑，不久我就安排了个出差的机会去了广州。然而我在二楼店堂里看到的十几架线装书，却摆在柜台之后，并非开架那样可以随便翻看。当然，那个时候各个店的古籍都是如此的模式，远没有后来的随意，然而我在天津时却忘了向老毛索要他的手机号。进了店里，我跟店员说自己要找老毛，至此方知，老毛就是广州古籍书店的经理。我的这个不礼貌的称呼显然让那位店员不太高兴，他没好气地让我自己打电话找毛经理，因为今天经理不在店内。因为这个小失误，我第一次的广州古籍书店之行未能买到任何书，只是隔着玻璃柜台远望那些价签。在我的感觉上，这些书的标价比北方还要贵，即使打上五折，也不如我在北方打七折的实惠要多。这让我失去了再等老毛前来打折的意愿，只是浏览一番，便讪讪离去。

　　而后的二十年，因公因私也去过无数趟广州，却再没有走进这家著名的古籍书店。也是因缘所在吧，2015 年底，我才因事再次来到这里。我事先给上海的殷小定先生去了电话。殷兄交友很广，业界人物几乎没有他不认识的，但我向他索要老毛的电话时，却明显听出了他语气的诧异。他说，老毛已经去世好多年了，你为什么还要找他？殷兄的这个回答是我所未曾料到的。虽然毛经理被业界呼为老毛，但我见到他的时候，其实也就是壮年。老毛那副有戏剧色彩的面容，直到今天还宛在眼前，然而人却不见了。殷兄在电话那头急切地问我到底有什么事，于是我跟他说，自己想到广州古籍书店搞一个采访。殷兄松了口气，说这件事好办，让我前去找现任经理杜庆祥先生，然后他把杜经理的电话给了我。

在广州时，某天我跟罗焕好老师说，明天想独自前往古籍书店，不用她再费心陪同。但罗老师告诉我，古籍书店处在步行街上，位置并不明显，她还是需要把我送到门前。第二天一早乘车到了北京路，罗老师步行把我带到了古籍书店门口。刚刚走到这一带，我立即就有了熟识之感，二十年前所留下的记忆，看来至今仍然潜伏在心中。眼前见到的一楼店堂跟当年的格局完全没有变化。沿着台阶登上二楼，楼上所见也是旧时风景。我站在二楼店堂中给杜经理打了个电话，他从办公室出来把我迎了进去。在他的办公室内还坐着一位文质彬彬的先生，杜经理介绍说，这位先生姓曹，是当地的一位藏书家，今天正好来到了这里。我说，你们之间的谈话如果没有需要我回避之处，我们可以在一起聊聊书。曹先生为人很爽快，我们换过了名片，他的名片上写着当地一个政府部门的名称，而曹先生的大名则是曹其文，看来真是人如其名。

见到杜经理，我提出的第一个问题就是：老毛究竟叫什么？旁边的曹先生马上说，老毛叫毛汉章。这个名字倒是很文雅，但是跟老毛的精明相比，似乎不像曹先生那样人如其名。不过转念想来，二十多年前，广州是中国经济的发动机，很多人做生意都是跑到广

1. 收古旧书的广告　2. 特约经销铭牌

州来进货。那个年代我也到广州参加过几届广交会，北方朋友让我捎带最多的物品，一是蛤蟆镜，二是折叠伞，第三似乎是 T 恤衫，可见广东物品在北方有着何等的感召力。那么老毛把南方人的精明头脑应用到古籍上来，也应当是再正常不过的一件事。杜经理看上去也同样是一位精明的经营者，他不停地夸赞他前任的前任——毛汉章经理，有着特别好的活动能力。杜经理还告诉我，那时老毛到北方换的不仅仅是线装书。老毛当时已经开始影印古籍，曾影印出版了一大批《点石斋画谱》，因为印数大，在南方销售了一部分市场就饱和了，而那个时期其他地方的古籍书店也在影印各自的库存特色品，大家为了增加销量，就有了换货行为。杜经理那时是这里的店员，说当时看到换回来的最多的是《飞鸿堂印谱》，这种印谱换回来之后特别好卖。

我问杜经理，他何以走进了经营古书这个行列。杜说自己原本是军人，80 年代初转业后就进入古籍书店当店员，而后中国古旧书行业委员会在北京开了业界培训班，他也是其中的学员之一。那个培训班对中国古旧书业影响较大，至少在近十几年来我所认识的各地古籍书店经理，基本都毕业于那个培训班。而且这些当年的学员也都以曾在那里学习为傲，他们说那段经历不比黄埔军校的毕业生差到哪里，甚至他们认为那个学习绝对属于黄埔军校的黄埔一期。虽然那件事已经过去了许多年，但杜经理今日用轻描淡写的口吻给我讲述那段经历时，我仍然能透过语调品味出他的自豪。

谈到老毛，曹其文先生也同样是夸赞有加，但他的夸赞更多的是讲他来此店买书时，老毛给他的折扣很大，有时候能打到六折，

1. 二楼店堂　2. 店堂的另一侧专卖线装书

但这要看心情，也要看人，有时候古书的价格就只能打八折或九折，而有的人甚至不给打折。曹先生这句话让杜经理接了过去，杜感慨说，现在这么做，绝对不行了，因为管理制度越来越严，各方面做法透明度也很高，所以在这里买线装书打九折已经是他的最高权限。其实我不觉得杜经理这句话有什么弦外之音，但我仍需要表个态，于是跟杜经理说，自己前来的目的绝属"单打一"，那就是只做采访，并无购书之意。杜经理马上听懂了我这句话的潜台词，笑着说，刚才的话不是向我解释，只是陈述一个事实。

我问杜经理，现在广州市内大概有多少收藏线装书的人。他说，估计不超过 50 位。杜经理的这句话立即遭到曹先生的反对，曹说自己所了解的情况要比这个数字多许多。因为去年曹先生跟几位朋友举办了一个藏书展，展览题目是"今日峤雅"，当时来参观的人很多。开展之前征集展品时，就有 130 多人报名，而这些人后来都有交往，因此曹先生说广州一地喜欢收藏古籍的就不止这 130 多人。这句话听来倒让我大感欣慰，毕竟在北方人固有的观念中，广东人，尤其是广州人在经营方面当然极有天分，但恐怕对藏书这种风雅之事不会那么上心，然而事实是，这里有着这么多的爱书之人，这才是吾道不孤的最真实体现。

关于曹先生等人举办的那个"今日峤雅"展，我回来后查了一些资料，果真如其所说，在当地曾轰动一时。那次展览的举办时间是 2014 年 12 月 25 日至 2015 年 1 月 5 日，举办地是广州市越秀区文化馆。在那期间还有广东文史专家林子雄先生在现场举办了讲座，题目是"广东版本与收藏"。我跟林先生也算是多年的朋友,2013 年我应沈津先生之约,去广州中山大学参加目录学研讨会,在那次会议上还跟林先生见了面。当时他告诉我,自己的工作单位已经从省图书馆调到了地方志办公室,只是我不知道他同时还在普及书香文化。

曹其文先生告诉我,那场展览搞得的确很成功,他们在办展时立意也很高,因为在解放后直到当时的 60 多年时间里,广东竟然没有再举办过民间藏书展,所以那个展览是当地的首次。但曹先生强调,这个"首次"指的是解放以后,因为在解放前曾举办过藏书展。他说的是上世纪 40 年代香港举办的那场广州文物展,那次展览中有大量古籍善本。曹先生说,他们的藏书展虽然距香港的那次已经过去了 74 年,但仍然希望追述前贤,因此在征集展品时,特意下工夫去寻找 74 年前那场展览中曾经展出的古籍。结果不负所望,找到了两件,其中一件最为珍贵,那就是南明弘光元年的诰封。曹先生强调,南明诰封中国现在仅存一件,所以他下工夫找到了当今的这位藏主,动员他把这件诰封拿来参展,这件事情意义重大。

曹先生提到的 74 年前的那件往事的确在中国文物史上很重要。1939 年,在"九·一八事变"八周年的前期,中国文化协进会在中国成立。协进会成立后决定在香港举办广东文物展览会,聘请叶恭绰为展览筹委会的主任。经过 4 个多月筹备,1940 年 2 月 26 日,广东文物展在香港大学冯平山图书馆开幕。这场展览仅举办了 9 天,而参观人数竟然超过了 20 万。抗战年代还有这么多人对文物有着如此的挚爱,超乎了所有人的预想。那场展览会中,古籍善本总计有 680 种，数量可谓巨大。这 680 种古籍由多位藏家送展，南州书楼主人徐信符就送了 119 种，其中广东人的著述达到 86 种，由此可见，南州书楼藏书特色的偏重。展览结束之后，叶恭绰又跟简又文、许地山及黄般若等人共同编撰了《广东文物》一书。此书体量巨大，有 300 万字之多，里面所收的照片，有 53 种是南州书楼参展之书。

那场展览除了善本之外，当然还有其他物品，其中有一个古碗是清初广东著名僧人澹归用过的。来到广东当然绕不过这位澹归，我此次行程中计划寻访的目标人物遗迹，竟然有三处涉及到他。他用过的这只碗在参加 1940 年香港文物展之后便销声匿迹。曹其文等人费尽曲折找到了当今的藏家，并成功动员这位藏家把澹归碗又拿到了"今日峤雅"展览现场。可见曹先生做事是何等的认真与深入。

"今日峤雅"的确展出了不少好东西，比如有一件五代刻本《雷峰塔经》。此经今日市场所见大多是翻刻本，能将原物拿出来展览，对于一般爱好者来说，也是个开眼的机会。我问曹先生，他的主藏是哪个方面。他告诉我说，自己的收藏专搞两头：他本人对先秦文献有兴趣，但是当然不可能收藏到那个时代的简牍文书，只是在此方面搞研究，收藏的重点则放在了不为今日藏家所注意的民俗类书籍，包括非名著的小说以及小调、鼓词等等。另外，他对人类学也感兴趣。总之，他说自己的收藏是避开热点，专走冷门。我问他，这些物品在书店中少有出售者，他从哪里得到自己的所需呢？他说做任何事情肯定都有自己的渠道在，否则难有所成。

于是我就向曹先生请教起了得书渠道问题。一般而言，这都是藏家的小秘密，极少愿意跟他人分享，但曹先生讲话却有着领导风范，他能讲出一大堆各式各样的事实，但这些事实并不涉及到他个人，这种聊天方式给我带来很大收获。他说，到拍卖会上买书不是个办法，因为那要花很高的代价，因此当地的藏书人虽然也有到拍场去买书者，但人数却不多，因为当地也有着独特的地利，那就是这里距台湾，尤其是距香港很近。曹先生告诉我，其实香港的藏书数量并不小，大多是在解放前带走的。如今香港第一代藏书家大多已经故去，书到了第二代人手中，这些人对藏书没太大兴趣，台湾的情形也是如此，故而这些书渐渐散了出来。但是这种书源渠道并不容易找，因为这些人卖书并不会公开地上拍，必须要透过各种关系找到卖主，方能够成批买到。因此曹先生认为，这新旧交替时期，是买书最好的时节。这就如同几十年前，人们从破旧平房里迁入了楼房，也会大量买书，而这个时节一旦错过，就又要等几十年了。曹先生这个方法论我在此之前还真没听别人提到过，由此可知，这也是广东人藏书的独特方式吧。

我还有一个好奇的问题，就是广州古籍书店哪里来的那么大量的徐信符南州书楼旧藏？在我的感觉中，中国其他地方的古籍书店所收之书，凡钤有"南州书楼"戳记的，都是出自广州古籍书店。杜经理称确实如此。他告诉我，在"文革"之后，书店从徐汤殷家拉回了两车线装书。杜经理强调，这两辆车是大型的解放牌，每车的载重量都有几吨，因此这些书连换带卖，一直到了今天，仍然还有一些库存。

关于南州书楼藏书的故事我当然很熟悉。十几年前,我曾来广州寻找此楼,当时我眼前所见,这个楼已经拆的没有了痕迹,变成了一条宽阔的大马路。虽然没见到实物,但在查证史料时,我已把它的藏书故事梳理了一过。抗战爆发时,徐信符当时在中山大学任教,学校为了避免损失,准备将校址先迁往罗定。徐信符认为自己上了年纪,不想跟着学校一同迁移,于是全家转移到了香港。他把自己藏书中最重要的部分也运了出去,存于香港冯平山图书馆。而后因为生活困难,徐信符把一部分藏书卖出,赖以维生。后来其家又迁到了澳门,在澳门也卖了一些书。看来藏书还真有个好处,那就是在经济上遇到困难时,可以售书救急。

那时南州书楼精品部分都寄存在香港,这批书受到了不同部门的关注。伦敦东方图书馆曾提出整批收购,傅斯年也来到香港劝徐信符将书售给台湾当局,最终也未能谈成,而后林语堂也去过香港跟徐信符商量将这些书卖给新加坡大学,同样未能达成协议。徐信符去世之后,这些书就由他的两个女儿在香港保管。但二女不懂书,一度传出日本派人赴港商谈收购这批书的消息。1961年,广东省委闻听此事之后,有意把这批书收回来,于是当时的广州市市长朱光就约见了徐汤殷。当时徐汤殷还在广州,被说服之后,就接受委派,专程赴港说服他的姐姐把书卖给广州。几经商谈,这批书终于买了回来,而徐汤殷也就留在了香港。

从这个故事可以看出,南州书楼的旧藏除了徐信符在世时出让了一部分,余外基本上卖给了广州市,也就藏在了而今的广东省立中山图书馆善本库内。那么,市面上见到的这些南州书楼旧藏是怎样散失出来的呢？我所查得的资料，是说徐汤殷突发疾病，逝世于香港，于是他的女儿来到广州把剩余那部分线装书全部卖给了广州古籍书店。但杜经理说，剩在广州的那批书是徐汤殷自己回来卖给书店的。然而这批书卖完之后，他却发现自己回不了香港了，因为他当年从广州赴港就没有正式的手续。书卖了，但人回不去，这让徐汤殷恐惧了起来，于是他到处活动，找各种关系，送出的礼品就是南州书楼所藏善本。经过一番活动，徐汤殷终于回到了香港，然此后不久，他却因脑溢血去世了。

杜经理告诉我，古籍书店收购南州书楼的那批书他不是当事人，这些细节都是老店员向他讲述的。但是当地另一位大藏家潘锡基的旧藏却是他经手的，那已经是 90 年代初期的事情。那时他在店内负责收购，有两位妇女每过一段就拿来一些古书、碑帖或者字画让杜经理做价，杜每次都将其收购下来。来的次数多了，杜就问这两个女人家里还有多少藏品，两人说还有很多很多。于是杜经理说，既然如此，那就不用你们辛苦地一点点搬运了，我可以上门收购。两女闻听此言大为高兴，说早知道如此，就不费这么大气力了，因为她二人一直认为店里的人不可能上门去搞收购。

杜经理说，到了这两个女人家，方得知她们就是大收藏家潘锡基的女儿。彼时潘锡基早已去世，两女准备搬进楼房内居住，但是不愿意把这些"破烂东西"也搬进新房子，于是就想办法把它们处理掉。杜的到来让两女很高兴，她们带杜来到收藏的阁楼内，杜看到那里堆满了藏品，就找来一辆面包车，一车车地往回拉，竟然拉了三车还有富裕！这可是古籍书店的一大收获。杜经理说，这些藏品因为保存不善，大多都有了虫蛀，但里面好东西确实不少，许多碑帖为整裱本，并且大多有名家题跋，他印象最深的是里面有一件题有桂馥的满跋。后来为了整理这些物品也下了不少工夫，整理过程中还找到了一册宋版医书，但杜经理强调，他现在不确定这册医书是不是从潘锡基家征集而来，因为是从库房的藏书堆里翻出来的。再后来，嘉德的拓晓堂来到这里，将此书征集去，在拍场上卖出了一个好价钱，因为此书上面有宋代的牌记。他说的这件事我有印象，因为当时它也是我的欲得品之一，可惜在拍卖现场力不如人，被一位从未出现在拍场上的小伙子拿下。此人拍得此书后，转身就离开了现场，看来是有备而来，也很可能是一位代拍者。从那以后，那册宋版医书再未出现在拍场之上，不知落到了什么人手里。冤有头，债有主，没想到那册宋版竟然是出自此店。

"这样的大漏儿再不可能捡到了。"这是我那天跟杜经理聊天时，听他说到最多的一句话。难道藏书的好时代真的过去了？我是一位当局者，并不能客观地看待和评价这件事，但我总觉得，江山代有才人出，各领风骚三五年。正如曹其文先生所言，香港和台湾的藏家已经进入了换代期，而中国大陆何年迈入这个节奏，我却难以做出相应的预测。

曹先生插话说，潘锡基的收藏在当地很有名气，潘氏兄弟二人都是收藏家，且两人都不是大款式的胡乱买，都有着自己的深入研究，这种藏家其实最为难得。可是再难得，他一生的心血不还是被两个女儿如此处理了吗？虽然这个处理让杜经理很高兴，但在我听来多少还是有些感慨。曹先生同意我的这个说法，他说，如何能安排好藏品的身后事，确实是值得研究的一个课题。我向他请教，而今当地藏书家有否藏有所成者。他告诉我，本地有位叫叶天军的先生收藏很有实力，他专藏稿钞校本；还有一位叫陈俊宝的，藏书以数量著称。

曹先生还给我讲述了当地另外一位藏书家的独特经历，他首先问我，是否注意到了泰和嘉成拍卖公司以及其他的几家公司近两年在不断上拍董作宾旧藏。我说，确实如此，所上拍者大多是散片，尤其以甲骨拓片居多，并且上面大多有董作宾的跋语。我奇怪为什么这些东西源源不断地拍不完。曹先生告诉我，所有董作宾的旧藏之物其实全都是广州一个人送拍的，而这些物品全部是此人从台湾买回来的。

这位张姓买家某次前往台湾的古玩市场，那天因为游客少，他看见一个老头在长椅上睡觉，身上盖着的被子却落到了地上，于是顺手把被子拿起来，轻轻地盖在了这位老人身上。但这个动作还是让老人醒了过来。老人谢过了张先生，一对谈，又听出他有山东口音。老人很高兴，因为遇到了同乡。二人攀谈一番，张先生说自己想来此收购一些相关的文物，老人闻言，就把张先生带到了自己家里。老人家里有不少的线装书，张先生第一次就花了30万人民币。而后随着交往的深入，老人又把张先生带到了董作宾、傅斯年等人的家中。自此之后，这些东西就被张先生源源不断地收购回来，送到了拍场上，而张先生的古籍经营事业也就迅速地做大了。

曹先生说，这位张先生近来又转移了经营视角，现在拍场上出现的不少西文关于中国事物的书，也有许多是张先生送拍的。最初这位张先生是亲自跑到法、英、德等国去收购，而后生意做大了，自己张罗不过来，就往这些国家各派一人专门替他收购这一类的书，张先生则坐阵中国负责总控，平均每个月买入此类书花费200万人民币，成为广州市经营古书者最成功的一位。曹先生给我讲述的这些故事是我闻所未闻的，看来各个行业都有自己的机遇和诀窍在，每个人的成功并不能将其归结为偶然。像张先生这样的范例，其实从人性角度来解读，即使他经营古书没有这么好的机遇，以他的人品及其经营思路，换作其他门类，也同样能够成功。

谈到经营，杜经理说现在开古籍书店并不容易，他认为近几年是自从他1984年走进这个行业以来经营最困难的时期。除了经济大环境的原因，另外还有政府扶持不够的问题。比如他所管理的古籍书店经营了这么多年，仍然有上交利润的任务。而库中所存的善本卖一部少一部，为了不使库存枯竭，就需要自己去找货源。在信息如此发达的今日社会，能够以好的价钱成批收到旧藏，已经是很困难的一件事情。杜经理说，本店人员最多时达到了70多人，但早期因为古书买卖都很容易，因此有这么多人也不觉得是负担，现在虽然有些员工已经退休，但人员方面的开支仍是店里的一大负担。杜经理坦言，现在做新书没有利润，经营新书就是为了做码洋，旧书利润虽然高，但码洋数却又太少，唯有卖古书既能出码洋也能出利润，但是也最难收购。他期待着政府能够出台更多相关的政策，以扶持这个行业，让这个行业得以长久地存在下去。

最后我请杜经理拿出一些古书来拍照。我看到那些书的标价大多都高于行市，这么高的价钱不知道如何能销售得掉。但杜经理

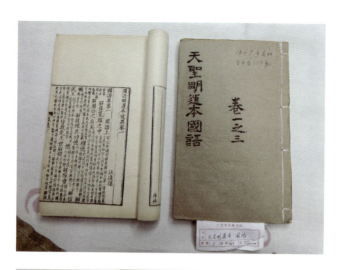

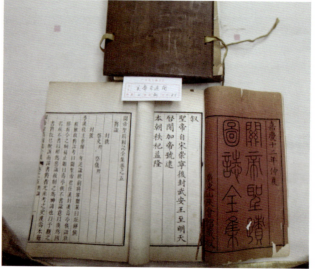

1. 虽然是翻刻本，也标价为"2万"　　2. 这部嘉庆十二年的广东刻本价格标为"8万"

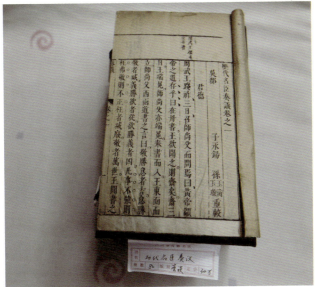

1. 这部大部头标价为"30万" 　2. 拿下来，细端详

1. 这部书不多见，可惜价格不便宜　2. 真州吴氏测海楼旧藏的特殊标价

说，如果标便宜价钱，库存很快就卖光了，今后本店怎样生存呢？看来买家和卖家的立场能够达到矛盾的统一，确实不是件容易的事情。而曹先生也笑称，现在到店里来的更多是谈谈书界的故事，要想在这里捡漏儿，已经完全没有了可能，所以古籍书店这个店堂大多成了书友们的聚会之点，在这里谈书、聊书，的确是件快乐之事。我问曹先生，本地是否成立过跟藏书有关的组织。他说没有，但每年他都召集书友们搞一次聚会，以此交流信息。他还告诉我，自己曾办过一份收藏报，名字叫《锦灰堆》，但因为工作忙，来不及操办，后来也停刊了。但他觉得，藏书之事今后肯定还会更加兴旺，因为有越来越多的人走入了这个行业。他的乐观让我听来很受鼓舞，真希望若干年后我再次来到这里时能够看到一大帮爱书人在一起其乐融融地胡吹乱侃，这才是生活的乐趣所在。

特区首创　八方众筹
深圳古籍书店

2015 年底，北京鲁迅博物馆的黄乔生馆长给我打来电话，说转年是鲁迅逝世 80 周年，博物馆为此将举办一系列纪念活动，其中之一，就是想出版《鲁迅藏书志》。经商议，他们准备找三位作者分别来写鲁迅藏书的古籍部分、旧平装部分及外文部分。古籍部分命我来完成，因为我写过《鲁迅藏书漫谈》一书。

能撰写《鲁迅藏书志》，我当然很高兴。作为文化巨人的鲁迅，其藏书情况未见有系统的揭示与研究，我能有机会把他的藏书做一次系统的梳理，当然是求之不得。但我也跟黄馆长直言：《鲁迅藏书漫谈》里面错漏较多，如果要写《鲁迅藏书志》，以前的那本漫谈需作废，全部重新来过。黄馆表扬了我的认真，而后给了我大半年的时间。我在规定时间内终于赶出了此书，而该书的负责人是中华书局的俞国林先生。

我跟俞先生的交往虽然不多，对他却颇为敬佩，这当然是因为他出版了一系列跟吕留良有关的整理和研究专著，是一位学者型编辑，而这正是中华书局老传统的延续。拙稿能够交到他的手中，当然各个方面都大可放心。

今日仍叫"深圳书城"

　　《鲁迅藏书志·古籍部分》出版之后，果真制作得颇为漂亮，在市场上受欢迎的程度超过了我的想象。看来，作者和编辑的用心，再加上制作的精良，定然会受到读者的欢迎。然而俞国林还是跟我说：酒香也怕巷子深，书虽然卖得好，仍然需要趁热打铁做进一步宣传。之后，他安排我到深圳罗湖书城去搞一场专题讲座。

　　为自己的作品专门搞讲座，我还未曾做过类似的事情。也正因如此，我对该事颇为认真，虽然那一段正忙着写其他书稿，但还是抽出了两天的时间，制作出来一个完整的 PPT。罗湖书城的那场讲座颇为成功，当然，我不能自夸是 PPT 做得好，或者说自己讲得好，我更觉得，任何一个事情只要认真对待，必然能得到好的回馈。

那场讲座是由深圳出版发行集团的副书记何春华先生来做主持，而深圳报业集团副总胡洪侠先生也到现场来助威。胡总的提问幽默有趣，现场听众在他的感染下，不少都提出了有趣的问题。

然而我在讲座之时，多少有点儿走神，因为我看到了店堂后方古籍书店的招牌。我对这家书店印象深刻，缘于我二十年前来此买古书而未果的一段惨痛经历。大概五六年前，我再次来到这个书城，原来设在一楼的古籍书店已经搬到了三楼，营业面积不到原来的十分之一。虽说全国各地的古籍书店大多在衰落之中，这种趋势不可挽回，但是深圳古籍书店营业面积的缩小，还是让我有着淡淡的伤感。

那日前往罗湖书城办讲座，我得到了深圳书友陈新建先生的热情接待。那次到深圳，正赶上当地举办读书月活动，主办方的领导大多忙于这方面的工作与应酬，陈先生考虑到在这种情况下，我的出行与寻访可能有诸多的不便，于是主动替主办方承担了接待工作。他的奔忙让我心存感激，而那日的讲座也是他安排车把我直接送到了书城楼下，也正因如此，我未曾看到古籍书店曾经熟悉的角落。以至于当我在讲座时注意到古籍书店招牌的悬挂处，已经不是我熟悉的那个位置，不禁暗自揣度：难道深圳古籍书店又变得大了起来？

讲座之后，何总招待我等，我借机向罗湖书城的副总张霞女史请教这个问题。张总说，古籍书店确实迁到了楼上新址，并且做了整体的规划与装修。于是，我聊到了几年前在这里买了一部很不错的明嘉靖白棉纸本的事情。在座的几位同时惊呼："原来买那部书的人是你！"而后几人纷纷告诉我：在几年前，罗湖书城确实卖出了一批古籍，因为价格合适，被不少的书友纷纷买去，再后来，店里因为货源近于枯竭，自此之后，就不再卖古籍，而今书店在四楼又重整旗鼓，但又便宜又好的书，却难以见到了。

我跟众人讲起对罗湖书城的特殊情结。我对这里的爱与恨可以一直追溯到 20 年前，那时深圳建起了第一座书城，就是我当日讲座之地。当时的深圳并不像如今这样出入自由，去深圳就像出国一样，先要到当地的公安局出入境管理处去办理特区通行证，经过一段时间的审批，才能拿到一个绿色的小本本，而后持此进入深圳。边检的严格程度，不输于出国。

深圳是在一个破烂渔村的基础上拔地而起的现代都市，不可能有传统意义上的古籍书店。当年为了建设深圳特区，国家可谓举全国之力予以支持，人力物力方面的支援自不待言，在文化方面也不能缺失，于是当地建起了古籍书店。然而，书店是建起来了，货源却没着落。

中国各地的古籍书店，大多是由解放前的私人旧书店经过公私合营等一系列运动，最终合并而成者，这种合并不但是人力的结合，同时也将原有的库存汇集在了一起，而这些库存也在之后的岁月中，经历了出售与收购的增与减。总之，各家古籍书店有不少的库存已经存放了五六十年，但深圳则不同，它不可能有这样的历史机遇。

虽然如此，但深圳却有特殊政策——深圳古籍书店在相关部门的批准之后，在全国范围内征集货源，要求全国的古籍书店共同支持深圳的文化建设。结果，深圳汇集了一大批古籍，价格也特别的便宜。

深圳的罗湖书城，以我的印象，是全国第一家叫作"书城"的书店。而深圳古籍书店就设在书城之内，故而深圳要建设一座书城的消息，在爱书人之间早已传播开来。更令人兴奋的是，大家都听说深圳书城为庆贺开张大吉，会以很便宜的价格售卖古籍，这个消息让不少书友跃跃欲试。在这方面，我当然也不甘人后，于是没有条件，创造条件也要上。我终于设计出了前往深圳出差的借口，而后去申办特区证。

因为办证手续的繁复，我拿到那个小绿本时已经到了深圳书城开业的前一天。我迫不及待地赶到火车站。那时既无动车，也无高铁，在短时间内要想办到一张卧铺，是完全不可能的事，于是我买了张无座的票，在拥挤的火车内，困顿到靠在过道上就睡着了。而后一路艰辛，终于在开业之时赶到了书城的门前。

然而等我赶到书城门前时，却未能看到火爆的场面，一打听方得知，是我记错了日期，第二天才会正式开业。但既然到了门口，我总不能调头离去，好在书城已经开门，里面已经有不少工作人员进进出出，我随着这些工作人员，大摇大摆地混进了楼内。一进门，我就在左手边看到了古籍书店。然而这一看不打紧，一瞬间我瞪大了眼睛，因为我在这里见到了一位熟人正在挑书，此人正是在北京时常遇到的书友——陈东先生。

陈先生的勤奋我一向佩服，此前不久，我们还在北京碰过面，他完全没有提到自己将要到深圳买书，看来，他有意封锁这个消息，以免引起与其他爱书人之间的争抢。这种吃独食的心态当然令我不满，可是转念一想，我自己又何尝不是如此：我来深圳买书，不也没告诉其他任何人吗？这种做法有如某部电影的一句台词——"悄悄地进庄，打枪的不要。"

但这句台词不足以削减我胃酸的浓度，于是走上前准备去揶揄一番。可能是还没开业的原因，古籍书店所在的区域，用红色绳锁拦了起来，并且这个区域虽然处在一楼，但却比其他地方高出几级台阶，在高地上的人很容易看到旁边的情形。因此我刚走到台阶之下，陈东就看到我了。他可能预感到我会跟他发酸，就向我挥挥手。这个挥手的动作既像是打招呼，又像是示意我不要张扬。

我感到了他的心虚，于是愈发恶作剧地问他，自己能不能也进来挑书。陈东还未回答，旁边的一位工作人员就告诉我：明天这里才会开业。这句回答当然令我不满，于是我指着陈东说："他为什么可以先进来挑书？"工作人员坦然地告诉我：他是替公家来采购。

那时还没兴起"团购"这个词，但旧书店优先提供善本给公共单位，似乎已经成了业界的传统。陈东当时在某家国有企业的文化宣传部门工作，这一点我当然了解，但我同时知道，他个人对古籍也很是酷爱。既然如此，如何界定他是给个人买书，还是为单位采购？在那个时期，公家的介绍信可是一个重要的通行证。陈东能手持这样的介绍信，便有如古代的度牒，到哪里都畅通无阻。对陈东的这份羡慕嫉妒恨，已然是藏书圈内朋友的共识。不用说，他能在深圳书城买书，肯定又是用的这套招数。

虽然知道如此，我却无可奈何，一夜的劳顿已经让我身心疲惫，再遇到这样的结果，当然极为不爽，但自己拿不出能够通行的度牒，怨天怨地有什么用？只好转身离去。

第二天一早再到书城门前时，看到了另一幅场景：这里人山人海，想挤到近前都不容易，场面有如特殊年代的那种群众聚会。这么多人为书而来，想一想，都让自己心里感到温暖。人都需要"吾道不孤"，走在人海中，难以辨识谁才是真正的读书人，而书城的开业则像一种特殊的试剂，一瞬间检测出谁才是真正的爱书人。

这等盛大的活动，当然需要领导出面，而站在门口首先讲话的，则是国务委员李铁映。可见深圳书城的开业甚至受到国家领导人层面的关注。接下来，还有几位领导讲话，具体有哪些人，现在已经回忆不起来了。总之，仪式之后，人海涌入书城，而我则直奔古籍书店区域。

当时在那里买到了怎样的古籍，甚至是买或没买，今天都已模糊，但那一刻的心情，我却不能忘记，因为好书已经被陈东选走了。这个结果对我而言，当然是个不小的打击，以至于后来回到北京见到陈东时，我就像祥林嫂那样，对这件事念念叨叨，搞得陈东以为我有弦外之音，于是答应以原价转让几部古籍给我。后来，我果真到陈东家选了几部书，他给我的价格也的确便宜。

其实冷静地想，我知道陈东做得并不错，那段时间有一句著名的理论："不管白猫黑猫，捉住老鼠就是好猫。"我不知那时的深圳街头是否张贴着这句著名的口号，但此话所折射出的心态，却是那个时代人们的共识。陈东能够通过特殊的办法买到更多自己的所爱，不论是那时还是今天，其实都没有什么不对。说到底，我的不满不过就是嫉妒心作怪罢了，如果我也有他那样的捷径，说不定——其实不应当用这个词，应该是"一定是"会把这个政策用足。

我在席间向众人讲述了这样的一个过往，众人均感叹这倒是一段有意思的故事，建议我认真在罗湖书城内转几圈儿，以便让自己回忆起更多有趣的故事。但当天下午，我已经安排了其他约会，于是准备第二天再来这里认真地过一过回忆往事的瘾。而此时胡洪侠先生却建议我，再看一看古籍书店珍藏的善本，虽然没能买到这些好书，但看一看，也算是以过屠门而大嚼的方式来慰我饕餮之情。

何总爽快地答应了这个要求，而后他请张霞安排看书之事。张霞称，因为特殊原因，古籍书店的善本部分已经锁入保险柜，而要打开这个保险柜，需要六位相关人员同时在场。把古籍看护得如此之严，这在其他的古籍书店中少有见到，我料想这里一定有特殊的原因在，而后听到了在座者的解释，果真印证了我的判断。

当天晚上，陈新建先生给我来电话，说书城到此时还未将共同掌管这批古籍的人员凑齐，明天是否能看到书还是个未知数。我告诉陈兄无妨，因为我已经定了第二天的机票，上午能够看到书当然好，即使不能，我到书城内转一圈儿，也可以唤起我曾经的记忆。

书城的LOGO

第二天一早，陈新建来到酒店楼下，说书城已经安排好了看书之事。这个结果当然令我高兴，于是我再次来到了罗湖书城，而后前往办公区域。正好赶上张霞去安排其他工作，我在等候之时，无意间看到墙上挂的一张大照片，照片的内容正是罗湖书城开业当天的情形，这一瞬间我回忆起了当时的情形，于是在照片内仔细地寻找，可惜未能找到自己的身影。然而我却注意到这张照片上写明的日期是1996年11月8日，是书城开业的日子。我突然感到一种异样，因为那一天——2016年11月7日，距离我第一次走进罗湖书城的大门，也就是书城开业的前一天，刚好过去了整整20年。没想到20年后的同一天，我竟然又站到了这里，这种巧合真不知应

1. 在办公室墙上看到了该书城开业时的大照片
2. 这个开业日期让我瞪大了眼睛

当用怎样的语言来解释，也许正是冥冥中的一种注定吧。

我立即把这个巧合告诉了陈新建，陈兄听后也很兴奋，也觉得如此的巧合确实无从解释，于是，我立即拿起相机拍下了那张难得的照片。可惜照片装在镜框之内，我变换着多个角度，也无法躲过上面的光斑。我的这番折腾引起了旁边房间一位先生的注意，他和蔼地问我有什么事，陈新建马上介绍称，此人是罗湖书城的总经理孙太清先生。

孙总把我二人让进他的办公室，而后便聊了起来。我讲到了这个巧合，同时又感慨这个自己曾经向往的圣地，如今竟然能够到此来举办讲座，同时冥冥中又让我来这里怀旧。孙总也认为这真是个特殊的巧合，接着向我讲述了一些我所不知的关于书城的历史。

如今的深圳已经有了四座书城，第五家书城也即将开业。但罗湖书城却是深圳的第一家，而在其成立20周年的日子里，我能来此办讲座，也算是我对这段特殊经历的一种特殊纪念吧。

这时张霞女史走了进来，告诉我看书之事已经安排好，于是我跟随孙总和张总，一同来到书城的一楼。他们把我带进了书城的保安监控室，在那里，我看到多位工作人员已在等候。孙总向我介绍了深圳出版发行集团财务副总廖作为先生。廖先生很客气地跟我说，希望我看完这些善本之后，能够将这些书估出一个大概的价格，以便他们做相应的处理和安排。他的这句话让我心动：看来，还是有机会从这里得到一些善本。

不过现场一同看书的，还有深圳出版发行集团的王磊先生。王兄也是爱书之人，他对书的痴迷不在陈新建先生之下，他二人同处深圳，当然比我有太多的便利。想到这一层，我只好收起自己的觊觎之心：真有这样的好机会，恐怕书也难到我的手中，说不定会重演 20 年前陈东在这里买书的场景。既然这样，那我就收起非分之想，认认真真地看书吧。

但是，监控室内的荧光屏还是让我分神：监控室的面积不大，我感觉不足 20 平米，而屋当中摆放着两个方桌，方桌前方的墙上有 6 块面积不小的显示屏，每个显示屏上又分出了 16 个不同的显示内容，一眼望上去，店堂内外的各个角落，已然都汇集其中，看来，要想在这里做孔乙己，恐怕是很难的一件事。

古书摆在监控之前的别样感受

荧光屏一侧有一个独立的门，是一种全封闭的铁门，善本书就是从那里拿出来的。于是我静下心来，一部部地观看这里的藏书。

我看的第一部是《苏东坡诗集》。从版刻风格看，是明末刻本，然而该书外观颇为整齐，并且有着旧写的书根。

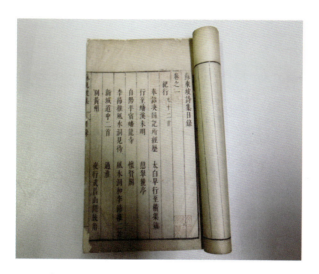

而后又看了一部医书，书名为《钱氏小儿宜诀》。该书乃是明嘉靖辛亥刻本，寻常所见者，医书无论是刊刻还是印刷，均较粗糙，但这部书却不同，也算明代嘉靖本中不多见的品种。

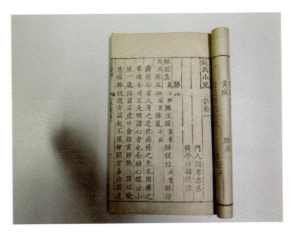

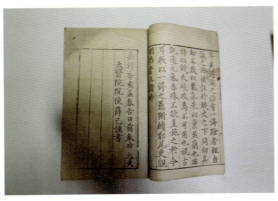

《春秋左传注疏》乃是明嘉靖间李元阳所刊《十三经注疏》本，该本的流传虽不稀见，但书城所藏的这一部却较为初印，且为白棉纸原装。翻看内页，未见补版。近两年，杜泽逊老师对该书的版本颇为关注，他有一种新的见解，认为李元阳本《十三经注疏》，有可能利用了前朝的版片，所以他凡见该书的零种都会仔细研究。书城藏的这一部，不知对他的研究是否有特殊的价值在。

　　《逊志斋集》也是一部嘉靖白棉纸本。总体而言，这部书虽然流传较广，但明白棉纸本却并不多见。余外，还看到了20多部不同的书，同时也看到了几部难得的旧拓。

　　总的来说，我对在这里看到的古籍与碑帖有一个整体印象，就是这些书是刻意挑选留下来者，并且这位挑选者对古籍市场特别了解，因为这些书均为近二十年来古籍市场上的热门品种。虽然我不知道这位挑选者是何人，也不知该人当日是否在场，我还是直率地讲出了自己的观后感。同时还有一个难得之处，就是这些书的品相都很好，看来挑选者也是位唯美派，这些书不但看上去整齐，并且大多都有书根，尽管没有函套，却保护得很好。

　　我的这些判断得到了现场领导的认可。而后廖总跟我说，集团对如何妥善安置这批书，也曾做了认真的考虑，毕竟书城是经营单位，而非图书馆或博物馆，所以各位领导既重视这批书，又担心因为自己的保管不善而让这些书受到损伤，所以他想听听我有怎样的建议。

　　我并不了解领导所说这番话的用意，于是郑重地跟他讲：书店里藏有善本，也并非是不可以的事情，比如北京的中国书店和上海

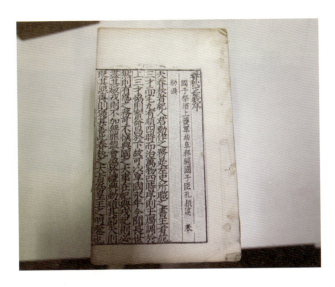

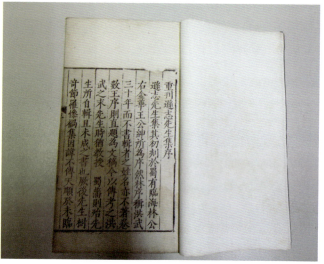

1. 品相上佳　2.《逊志斋集》序言

的博古斋，他们都藏有不少的善本，而且都能从中选出一些难得之本去申报国家珍贵古籍名录，并且有很多部已经入选，如果深圳书城愿意参加这种申报，我可以帮助联系有关部门。廖总说，当然好。

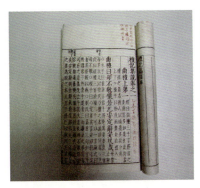
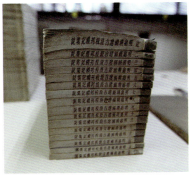

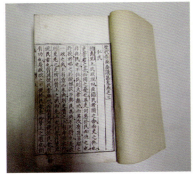

1	2
3	4

1. 明嘉靖《三礼》本的《礼记集说》　　2. 该书也同样有着整齐的书根
3. 保元堂本的《玉台新咏》　　4. 明内府本《历代名臣奏议集略》

告辞众人，从监控室走出，我依然惦念着当年深圳古籍书店的原址，而今书城一楼为了适应当前的形势，已经做了业态上的转变，展眼望去，乃是星巴克、肯德基和中国联通，这种情形当然让我少不了一番感慨。而陈新建当然比我对书城更为熟悉，他向我讲解着这里的变化，以及古籍书店的原址所在。

1	2
3	4

1. 《星凤楼帖》　2. 《星凤楼帖》的落款儿及收藏印
3. 旧拓本《爨龙颜碑》　4. 旧拓本《郙阁颂》封面

而后我们来到了二楼，这里也跟当年有了很大的差异。在过道附近，以很长的展板展现着书城 20 年来曾有过的光荣。

来到了三楼，当年屈居一角的古籍书店，也同样没有了踪影。

重新回到四楼，又来到我前一日讲座的那个区域，从这里踏踏实实地走入古籍书店。我原本以为书店的面积较大，进去一看，仅是长长的一个窄条，里面整齐地摆放着一些新印线装书。我所挚爱的古籍仅有一架，书前摆放着书目及价目表。我看了一下上面的价格，其标价之高跟几年前有着天壤之别，这也应当是一种与时俱进吧：既然书少了，那就把价格标上去。同时这也应当是一种惜售的表现。而孙总的解释，果真印证了我的判断。

重新回到一楼，又再次来到那个熟悉的大门之前，眼前的景象和 20 年前已经有了很大区别。张霞向我讲解着当年的规格以及历年的变迁。虽然如此，当我展眼回望这座熟悉的大楼时，原本在我心中不可磨灭的印象，又与眼前的景色叠合在了一起。

$\dfrac{1}{2}$

1. 古籍书店入口　2. 长长的一溜